まえがき

Mercy transformed into a political party or political power.

慈悲が転じて、政党（幸福実現党）という政治的な力になりました。（※）

二〇〇九年四月に幸福実現党を立党した大川隆法総裁が、その夏の「国難選挙」を戦い抜いた直後、英語での説法で語られた言葉です。日本語にない、ストレートな総裁のお気持ちが込められているように感じられませんか。

まさに幸福実現党は、神の慈悲が、総裁の愛が転じて生まれた政党です。

本書は、十五周年の節目に、幸福実現党の父・大川隆法党総裁の説かれた政治の教えから、その限りない愛を感じ取り、最大の感謝を捧《ささ》げるとともに、ご支援くだ

※二〇〇九年九月四日英語説法“This World is Not Enough”質疑応答（『実戦英語伝道入門②』所収）

さった皆様への感謝を報恩に変え、新たな出発を果たすために、幸福実現党が心を込めて書かせていただきました。

先の見えない真っ暗闇《くらやみ》の時代の中で、それでも一条の光があります。

幸福実現党は、日本人のみならず、地球人類すべてを幸福に導くために、また、過去に手向ける光であるとともに、未来への希望となるよう、大川隆法総裁が創立されたのです。

国会では、何十年も不毛な議論が繰り返されています。

それでも日本が変われないのは、目前に迫る国家存続の危機を、「危機」と感じさせない日本の「常識」が目を覆い、問題の本質を見えなくさせているからでしょう。

真一文字に、真実を貫いて、この「常識」の山にトンネルをぶち抜く工事を続けていこうではありませんか。山を打ち抜いたとき、「**それまでの無駄だと思った努力が、すべて光になるんですよ！**」と大川総裁は語られています。

本書が、一人でも多くの方に、立党の原点に込められた願いをご理解いただく一助になれば幸いです。迫り来る危機から人類を救わんとする神の愛を真っ直ぐに受け止め、隣人への愛の具体化としての幸福実現党の活動にご参加いただけますよう、心からお願い申し上げます。

幸福実現党党首　釈量子

二〇二四年四月

幸福実現党 立党の原点　目次

第1章　幸福実現党はなぜ立党したのか

1．立党の歴史的意義を明らかにする　24

第2章　政治の基本原則「自由・民主・信仰」

4．神の子が集まってこそ「民主主義」は成り立つ 108

第3章　地球平和を目指して

第4章　幸福実現党が描く日本の設計図

幸福実現党の目指すもの

大川 隆法

この国の政治に一本、精神的主柱《しゅちゅう》を立《た》てたい。
これが私のかねてからの願いである。
精神的主柱がなければ、国家は漂流《ひょうりゅう》し、
無告《むこく》の民《たみ》は、不幸のどん底へと突き落とされる。
この国の国民の未来を照らす光となりたい。
暗黒の夜に、不安におののいている世界の人々への、
灯台の光となりたい。

国を豊かにし、邪悪《じゃあく》なるものに負けない、
不滅《ふめつ》の正義をうち立てたい。
人々を真なる幸福の実現へと導いていきたい。
この国に生まれ、この時代に生まれてよかったと、
人々が心の底から喜べるような世界を創りたい。
ユートピア創りの戦いは、まだ始まったばかりである。
しかし、この戦いに終わりはない。
果てしない未来へ、はるかなる無限遠点《むげんえんてん》を目指して、
私たちの戦いは続いていくだろう。

※文中、特に著者名を明記していない書籍については、
原則、大川隆法著となります。

第1章

幸福実現党はなぜ立党したのか

1. 立党の歴史的意義を明らかにする

幸福実現党の立党は「地球の危機」を見越した〝神の一手〟

今、地球は非常な危機にあります。「かつてない厳しさ」を感じています。

幸福実現党の大川隆法党総裁は、二〇二二年末に発刊された『地獄の法』でこのように警告を発されました。

二〇二二年二月から始まったロシア―ウクライナ戦争と、二〇二三年十月からのイスラエルとハマスの戦闘は、共に終わりが見えません。

アメリカのバイデン大統領がロシアやサウジアラビアにも強硬な姿勢をとったことで、中国を中心とした反米勢力が結託し、世界大戦の構図が出来つつあります。

さらに各国において、共産主義が「新福祉主義」へと形をかえて広がりつつあります。これが、共産主義の代わりになって不平不満を吸収し、「持てる者から収奪し、持てない者がそれを奪う」状態を創り出しています。

日本においても税収の二倍以上の規模の予算が組まれ、政府の支出も年々増え続けていますが、こうした状態が長く続くはずはなく、その報いは円安や物価高となって国民生活を苦しめています。

その結果、「**神仏の力を使わずしても、この世において、国家が財政《ざいせい》破綻《はたん》し、国が崩壊していくきっかけにもなっている**」（『地獄の法』）といえます。

このような地球の最終危機と戦っておられるのが、エル・カンターレというご存在であり、この地上に幸福の科学グループ創始者、大川隆法総裁として生まれた方です。

大川隆法総裁は、今から十五年前の二〇〇九年に幸福実現党を創立されましたが、これは現在の地球の危機を見越しての大きな一手でもあったのです。

『地獄の法』（幸福の科学出版刊）

常識外れの立党宣言の背景にあった「危機感」とは

幸福実現党立党の号令がくだったのは、二〇〇九年四月二十九日のことです。翌三十日、大川隆法党総裁が法話「幸福実現党宣言」を説かれ、全国、全世界へとそのメッセージが伝えられました。

当会の数多い政策提言等の実績を踏《ふ》まえ、新たに、幸福の科学の考えの下《もと》に、政治的団体を結成すべきときが来たと考えています。

「幸福実現党宣言」は、「神仏の存在を認め、正しい仏法真理《ぶっぽうしんり》を信じる人々の力を結集して、地上に、現実的ユートピアを建設する運動を起こす。そして、その政治運動を、日本を起点として起こしつつも、万国の人々にもまた波及させていく。正しい意味での世界同時革命を起こすつもりである」という宣言です。

この立党宣言に全国、全世界の人々は奮い立ちました。

大川総裁は一九八七年五月三十一日に説かれた法話「愛の原理」（『幸福の科学の十大原理（上巻）』所収）において、幸福の科学の運動は、第一段階は宗教改革として現れ、第二段階は「諸学の統合」と「政治・経済・教育・芸術・文学・企業制度等の改革」を行い、第三段階として、ユートピア運動のうねりが日本から世界へと広がっていくというビジョンを示されていました。

ついに、本格的な政治改革と世界レベルのユートピア建設実現の時が来た――。

他党の政治家や企業の管理職、医師、教師、主婦、さまざまなバックグラウンドを持つ人たちが、「この運動に是非とも参画したい」という志と情熱で、社会的な立場や家庭を投げうって集いました。

『幸福実現党宣言』

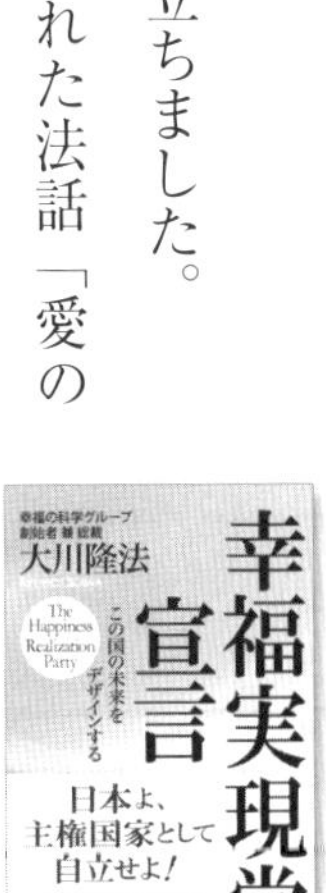

『幸福実現党宣言』（幸福の科学出版刊）

「幸福実現党宣言」の後、大川総裁は連日のように説法や質疑応答を収録され、幸福実現党の政治思想や基本政策を固められました。幸福の科学総合本部での収録に加え、全国各地の講演会場や街頭で火を噴くような情熱的な説法をされ、全国の党員や支援者を鼓舞されました。その内容は、後に「幸福実現党宣言シリーズ」をはじめとする政党のテキストとなっていったのです。

「不惜身命《ふしゃくしんみょう》」で説法を重ねられた背景には、党総裁の強い危機感がありました。

二〇〇九年四月には北朝鮮が弾道ミサイルの発射を強行。ミサイルは日本の上空を通過しました。これは明らかな国防上の危機です。しかしながら政府やマスコミはこのミサイルを「飛翔体《ひしょうたい》」と呼び、当時の麻生太郎政権は「遺憾《いかん》」の意を表明するばかりで、何ら有効な手を打たなかったのです。

かといって、自民党に代わって民主党（当時）が政権を取れば、国がもっと傾くことは明白でした。

「消えた年金問題」などで自民党にお灸《きゅう》を据えようという世論が高まるなか、マスコミが「政権交代」を煽《あお》り、支持率を伸ばしていた民主党も、その国防政策を見れば、自民党よりも心もとなく、日本がより左傾化していく未来が目に見えていました。

今、この流れを止めなければ、日本は他国に自由を奪われ、重税国家となり、三流国へと転落してしまう。先見力のある宗教が立ち上がり、日本に「精神的主柱」を立てなければ、日本も世界も救えない――。

こうした危機感のなか、「この国と世界を救いたい」という思い一つで立ち上がったのが、幸福実現党なのです。

党総裁の立党宣言から一か月も経たない五月二十五日には、総務省へ政治団体としての届け出を済ませ、八月三十日投開票の衆院選には、ほぼすべての選挙区と比例ブロックに候補者を立てて戦う方針を固めました。公職選挙法上の「政党要件」を満たしていない段階で、自民党など既成政党より多くの候補者を擁立して選挙戦に挑んだ新党は過去に例がありません。

なお、公職選挙法の「政党要件」は「政党」の本質とは何の関係もありません。政党とは本来、同じ政治的信念を持つ者が集まった団体のことであり、幸福実現党は立党時から一貫した政治哲学と政策を持って結成された本物の政党です。

共産主義・全体主義の広がりを食い止める決意

幸福実現党の立党は日本の平和と繁栄を守ると共に、世界史的にも大きな意味がありました。

冒頭、現在の地球はかつてない危機にあると述べましたが、その危機は何によって引き起こされているのかと言えば、神仏の願いに反した思想によってです。

もう少し踏み込んで言えば、中国や北朝鮮のような、神を信じない唯物論・無神論国家が「**共産主義の精神を輸出して世界を一元管理しようとする動き**」（『メシアの法』）が活発化しているということです。

例えば香港です。「一国二制度を五十年間維持する」との約束で中国に返還されたにもかかわらず、香港の自由はすでに奪われました。香港の選挙では親中派以外は立候補できない仕組みとなって民主活動家の動きは封じられ、中国共産党に批判的なスタンスのメディア「アップル・デイリー」は廃刊に追い込まれました。

さらに中国は、台湾やフィリピン、尖閣諸島《せんかくしょとう》にも触手を伸ばそうとしています。党総裁は、中国に台湾を取られるのを放置して見て見ぬふりをしたら、「先の大戦でヒットラーが順番に国を取っていったのと同じことが起きる」とし、続けて次のように警告を発しています。

中国は、フィリピンだとか、それから日本の尖閣や沖縄にも「核心《かくしん》的利益だ」ということを言っています。彼らが南沙《なんさ》諸島や西沙《せいさ》諸島も「核心的利益だ」ということで、岩礁《がんしょう》ぐらいしかなかったのに埋め立てて自分たちの領土をつくり、軍事基地までつくっても、周りは何もできない状態になっていますから、次には尖閣や沖縄をはじめ、「このへんはもともと中国文化圏だ」と言って取りに来るのも、時間の

問題だろうと思います。
これには、どこで食い止めるかということもありますけれども、やはり、考え方を変えるべきだと思います。
本当は、二〇〇九年の幸福実現党の立党というのは、そういう歴史的な大きな意味があったのだけれども、日本のマスコミ、それから政党、政治家、学者、文化人、さらには、そういう情報を受け取る大衆は、「宗教と政治が結びつくことは悪だ」という考え方を持っていて、現状維持を考えていたために、それを無視しました。これは大きな罪に当たると思います。

大川総裁は当初から、共産主義思想の広がりと戦う姿勢を明確に打ち出していました。立党時に説かれた法話「幸福実現党宣言」では、次のように力強く宣言されました。

『メシアの法』

『メシアの法』（幸福の科学出版刊）

この『幸福実現党宣言』において、マルクスの『共産党宣言』を永遠に葬《ほうむ》り去りたいと考えています。

『幸福実現党宣言』

このように幸福実現党は国内外の共産主義と戦う使命を帯びて立ち上がった政党なのです。二〇〇九年の段階で、日本が普遍的な神の正義を打ち立て、共産主義の広がりを食い止める国家としての方針を打ち出していれば、現在のような危機的な状況にはなっていなかったでしょう。十五年間という時間を生かせなかったことは痛恨の極みです。

マスコミの持つ大きな権力「黙殺権」とは

ただ、こうした事態を招いたのは、二〇〇九年の立党時に、自民党と民主党（当時）の政権交代にばかり注目し、大川隆法党総裁の政治哲学や斬新《ざんしん》な政策提言をほとんど報じなかったマスコミにも責任の一端はあるといえます。

大川総裁の街頭演説を取材しにきた記者たちは一様に感動し、「夕方のニュースで絶対に放送します」と顔を紅潮させて帰っていきました。しかしながら、結果的に演説の内容は一秒も放映されることはありませんでした。

大川総裁はこれを「黙殺権」と呼び、マスコミの持っている大きな権力であると喝破しました。黙殺したら、実際上、存在しないのと同じになってしまい、国民の選択肢を狭め、民主主義を歪《ゆが》めることになるからです。

メディアを読み解き、解読する力を、もう一段、皆様に持ってもらいたいと思い

ます。特にメディアの黙殺権は、もっと知らなければいけません。国民の知る権利に反しているのです。

幸福実現党が二〇〇九年に初めて選挙に出たときに、候補者を三百何十人立てて、立候補者の人数としては第一党でした。こんなことは、ニュース性があるに決まっています。しかし、マスコミは一切報道しませんでしたから、やはり責任があります。国民の知る権利に奉仕しなかったという、民主主義的な責任は絶対にありますが、その責任は誰《だれ》も取っていません。

二〇一五年五月二十四日 質疑応答（「ザ・リバティ」二〇一六年七月号）

このマスコミの「無責任」が今に至る政治の崩壊を招いています。

選挙報道では既成政党以外から出馬する候補者を無視し続け、日々の政治報道では政策の中身より政局やスキャンダルなどを中心に取り上げてきたために、国民の政治への無関心、投票率の低下につながっているといえます。

2．共産党宣言の向こうを張った「幸福実現党宣言」

共産主義はなぜ人々を不幸にするのか——その問題点を指摘する

共産主義は一つのユートピア思想を持ち、多くの人を熱狂させました。急速に発達した資本主義によって貧富の差が広がったことは確かで、そのひずみに対して誰かが問題提起をする必要はあったと言えます。

ただし、その思想をもとに政党が組織され、世界に広がって、ソ連や中国という国を造った結果、大勢の人が不幸になりました。

なぜ、共産主義は不幸な結果を招いたのでしょうか。

共産主義の問題点①——暴力革命の肯定が虐殺を引き起こす

共産主義の問題点として、最初に挙げられるのは、「暴力革命」を肯定していることです。共産主義革命という目的のためなら、手段は選ばないという思想が、大勢の人の命を奪いました。

大川総裁は次のように指摘します。

「**革命は暴力によってなされる**」ということで、共産主義革命をやったところでは、どこも**大量殺戮《さつりく》**が行われています。「ジェノサイド（大量虐殺）から始まる」ということです。「ジェノサイドから革命を起こして政権を立てた者は、その後、**政権を維持する間においても、自分たちを倒そうとする反対勢力や外国の勢力があったら、それに対して、同じような対応をする**」ということです。

『メシアの法』

実際、共産主義国では粛清《しゅくせい》が当然のごとく行われています。『共産主義黒書』（ステファヌ・クルトワ等共著）によれば、中国の「大躍進政策」や「文化大革命」などで殺された人は「六千五百万人」とされています。さらにソ連や北朝鮮、カンボジアなど各国の共産主義政党によって殺された人の合計は一億人を超えるとのことです。軍人、民間人合わせた第二次世界大戦の全世界における死者が五千～六千万人とされており、これと比べても共産主義思想の恐ろしさが分かるでしょう。

現在の中国を見ても、ウイグルやチベットなどの周辺国を「自治区」と称して併合し、中国共産党の思想に染まらない者を容赦なく殺害しています。

私たち幸福実現党は、政治の改革においては目的や動機の正しさはもちろんのこと、その方法も適切であるべきだと考えています。

共産主義の問題点②　――「勤勉の精神」「資本主義の精神」が失われる

二点目に挙げられる問題点は、「勤勉の精神」が失われた結果、「貧しさの下の平等」しか実現されないということです。

共産主義の基本的な考え方は、「一部の資本家たちが『搾取』しているために、労働者たちは貧しいのだ。ゆえに万国のプロレタリアート（労働者階級）は団結し、自分たちを搾取する資本家を倒し、自分たちで新しいユートピアをつくろう」というものです。資本家たちから生産手段を奪い、「能力に応じて働き、必要に応じて取る」社会ができれば、みんな平等に豊かになれる、ということを理想として描きました。

しかしながら、この発想には致命的な間違いが含まれています。

まず、「個人の創意工夫や努力、その成果を、正当に評価していない」ということです。

共産主義の発想は、単純な機械の組み立て作業や小規模な農作業を行うときにはある程度当てはまるかもしれません。しかし、各自の工夫や努力によって、優れた技術を持つ製品を生み出したり、客を感動させるサービスを提供したりする人に、より多くの富や経営資源が集まることを肯定しなければ、富が増えることはないのです。

共産主義には、富は「智慧《ちえ》と汗の結晶」であるという視点や、「努力に応じた結果が出る」という「縁起《えんぎ》の理法」の思想が抜け落ちているのです。

「自分が貧しいのは、他の人に搾取されているせいである」「社会が悪いから私は豊かになれない」という思想が蔓延《まんえん》し、工夫や努力によって生じた差をすりつぶして平等にすれば、「勤勉の精神」は失われます。

働いて富を生み出すのではなく、政府に頼る人が増えれば、結局、「貧しさの下の平等」しか実現できず、国民が苦しむことになります。

こうした点を踏まえ、大川総裁は「共産主義は嫉妬《しっと》の合理化である」と喝破しています。

共産主義の問題点③ ── 各人の自由が制限される

また、共産主義の間違いとして「財産の自由」がないということがあります。

共産主義の原点は「私有財産の否定」と「生産手段の国有化」です。私有財産を全部取り上げて国家が計画的に経済活動を行い、国民が国家からの配給で「平等」に生きていく世界をつくり出すということです。

「結果平等」を実現しようとすれば、国家の計画経済や配給を取り仕切る一握りの為政者だけに権力が集中することになります。その結果、各人の努力ではなく、官僚の考え一つで人生が左右される社会になります。

大川総裁は、結果平等を目指すことで自由が奪われる危険性を次のように警告します。

自由を制限すれば、信教の自由もなければ、良心の自由も、言論の自由も、出版の自由も、すべて、なくなっていきます。

したがって、「平等」より「自由」を大事にしたほうがよいのです。「真なる自由と、貧しい人たちに対して救いの手を差し伸べる騎士道精神を持つ」という考え方のほうが大事であり、「全員をすり潰《つぶ》して平等にすればよい」という考えであって

はならないと私は思います。

『宗教立国の精神』

現在では共産主義国である中国においても「私有財産の否定」や「生産手段の国有化」が徹底されているわけではありませんが、その思想の本質は世界中に広がっています。それが「所得の再配分」の考え方です。

残っているものは何かというと、「幅広く税金を課し、所得の再配分をする」という機能です。この機能のなかに共産主義が生き延びています。

『政治の理想について』

一方、幸福実現党は「自由の創設こそ政治の目的である」と考えており、自由の範囲を広げるという視点から「減税」

『政治の理想について』（幸福の科学出版刊）

を訴えてきました。自由の大切さについては第2章に詳述します。

共産主義の問題点④ ――「無信仰」が地上の暴君を生む

そして、共産主義の最も大きな問題点は無神論・無信仰であるということです。「共産党宣言」を著したマルクスは、「宗教は民衆のアヘンである」と述べています。宗教は人々の苦しみを紛らわす幻影であり、これを捨てて現実的な幸福を目指すべきだと考えました。

しかし、宗教を否定した先に現れたのは、地上の悲劇です。大川総裁は次のように無信仰の恐ろしさを指摘しています。

「無信仰である」ということは、「神や仏の目はもう意識しなくていい」ということなので、これは自動的に「地上で権力を持った者が〝現人神《あらひとがみ》〟になる」という思想です。その人の考え方によらず、「人民からの本当の意味での支持を得ているか

どうか」にかかわらず、最大権力を持った者が地上での〝神〟になるのです。

『メシアの法』

人間を超えた神仏の目を意識してこそ、人は謙虚になることができます。「立憲主義」や「法治主義」のように、憲法や法律があれば権力に歯止めをかけることができるかといえば、そうではありません。例えば中国も「法治主義」を掲げていますが、為政者にとって都合のよい法律をつくって運用するなら、法律は国民を弾圧する道具にもなりえます。

法律をつくる人たちが、法律の奥にある神の心を理解しているか、神の心に適った生き方や仕事をしているかということが大事だということです。

大川総裁が見抜いた「全体主義の特徴」と現代社会への洞察

共産主義と同じく人々を不幸にする政治体制として「全体主義」があります。

「全体主義国家」とは、「国家のために人民、国民がある」とする国です。「国民たちは国家を支えるためにあるのであって、国民が国家のためにならなければ、生きるも死ぬも、国家の自由にされてもしかたがない」「一つの意志を持った国家が生きるためには、国民の人権は制限され、弾圧されてもしかたがない」。

こういう国が「全体主義国家」といわれるものです。

『愛は憎しみを超えて』

すなわち、個人よりも国家の主義主張や全体の利益を優先し、個人の自由と幸福が奪われていく体制のことです。全体主義においては、一人ひとりの人間は国家に奉仕するための手段であり、道具として扱われます。

全体主義と思想的に戦ったユダヤ系ドイツ人の政治哲学者ハンナ・アレントは、「大量殺戮や粛清」、「秘密警察」、「強制収容所」の存在を全体主義の特徴として挙げています。要は、国家の目的に従わない人たちを監視し、消していく仕組みがあるということです。

現在の中国や北朝鮮は、まさにこの全体主義の特徴に当てはまります。幸福実現党は、共産主義と共に全体主義とも戦ってきましたが、それは党創立者である大川総裁の政治思想の源流と関係があります。

東京大学在学時代、大川総裁はアレントの思想について研究され、「H・アレントの『価値世界』について」という論文を執筆されました（『大川隆法 思想の源流』所収）。当時、日本にはアレントに関する参考文献はなく、著書もすべて翻訳されていませんでしたが、指導教授から「助手論文（博士論文程度）の合格レベルを超えている」と評されました。

全体主義に対抗する自由の大切さや共産主義の間違いを論じたアレント思想に、若き日の総裁が着目したのは、東西冷戦下にあって、共産主義圏と自由主義圏のどちらが正しいのか決着がついていないころだったからです。

総裁はアレントをはじめとする多様な思想家の著作を研究し、独自の学問領域を開拓され、学生時代に「ソ連は崩壊し、自由主義国が勝つ」と見抜かれました。注意すべきは、全体主義が生じてくるのは共産主義の独裁国家からだけではないということです。「結果平等」という共産主義の目的を達成しようとすれば、たいてい全体主義体制へと移行しますが、ナチス・ドイツの例を見るまでもなく、民主主義からも全体主義は生まれます。

現在の日本やアメリカにもそのような傾向は見られます。例えば、コロナ禍においては、感染症対策という名目で安易に国民の自由を奪い、ワクチン接種を事実上強制するような「感染症全体主義」が生じました。また、デジタル技術を駆使して、国民を監視し、言論や行動の自由を制限する「ＡＩ全体主義」とも呼ぶべき動きもあります。全体主義との戦いは決して過去の話ではありません。

では、大川総裁が見抜いた「全体主義の特徴」とは何でしょうか。それは神の不在です。

全体主義というのは、民衆の力がバックにあって一つの考え方でまとまってはいるものの、その奥に「神」が存在しないのです。

『永遠なるものを求めて』

基本的に、全体主義とは、「人々を愛する神仏の心を無視した国家の暴走だ」と考えています。

『自由の革命』

無神論国家や神仏への信仰心が薄れた国家では、国民も為政者もこの世の生存がすべてとなり、この世的な利益をもたらしてくれる政治体制を求めるようになります。しかし、人々を愛する神の存在を信じているならば、「永遠の生命の世界のなかでの善悪とは何か」を考えることができ、利他の心を持つことができるのです。

宗教を信じる者同士の争いが起きている今、民族や国を超えて「地球全体のことを考える神への信仰を持つ」ことが、全体主義に打ち克つ力になるといえます。

日本の危機を引き起こしている共産主義、全体主義の兆候

以上述べてきた共産主義、全体主義の問題点は、現在の日本にも少なからず現れており、このことが現在の日本の危機を引き起こしています。

お金持ちや大企業に増税し、少子化対策や経済対策の名目で給付金や補助金をバラまいているのは、明らかに「結果平等」を目指す共産主義の発想です。

さらに「働き方改革」の名の下、長時間労働が一律に悪とされ、自由に稼ぐこともできません。もちろん、効率の悪い働き方は改めねばなりませんが、それは各企業のマネジメントの問題であり、国家が口を挟むことではないはずです。

むしろ最近は、中国の習近平国家主席が「勤勉な労働」を勧めています。働いて稼ぐ人に課税し、働かない者にお金をバラまく日本の「新社会福祉主義」の方が、

「勤勉の精神」を失わせる点で、中国より悪質と言えるかもしれません。

共産主義の思想が蔓延《まんえん》した結果、日本は経済低迷から抜け出せず、財政赤字は膨らみ続けています。いつまでも上向かない経済状況に愛想をつかした若者たちが、「出稼ぎ」に行っています。オーストラリアやカナダでは、日本の約二倍の収入が得られるというのです。いかに日本経済が元気を失っているかが分かります。

日本を豊かにするには、資本主義の精神を失わせる共産主義的なバラマキ政策や、企業や個人の自由を奪うルールを撤廃すべきなのに、政府はむしろ、バラマキを加速させ、自由な経済活動の手足を縛ろうとしています。

そして、政治家からは信仰心が失われています。二〇二三年末、自民党の安倍派と二階派がいわゆる「裏金問題」で検察の家宅捜索を受けました。政治資金規正法があっても、「人が見ていなくても神仏が見ておられる」という信仰心がないと、「バレなければ何をしてもよい」という発想が先に立ってしまうのです。

また、新型コロナワクチンによる健康被害の報告数は、薬害と言えるレベルに達しています。それなのに、ワクチンへの不安や疑念を訴える人々の主張をデマと切り捨て、都合の悪い情報を隠蔽《いんぺい》して接種を勧め続ける政府の姿勢は、神仏の目を意識しない「ワクチン全体主義」「感染症全体主義」と言えます。

このままでは、日本は中国や北朝鮮のような自由のない国に近づいてしまいます。幸福実現党には、こうした日本の状況を憂い、日本と世界の未来を真剣に考える人たちが集《つど》っているのです。

3. 幸福実現党の描く未来ビジョンとは

立党直後にわずか一日で書き下ろされた「新・日本国憲法 試案」

幸福実現党は、このような共産主義、全体主義の悪に対しては徹底的に批判をします。しかしそれは、日本の野党勢力がしばしば「何でも反対党」と揶揄《やゆ》されるような、政権批判のためのものではありません。「政治とは可能性の技術」と言われるように、私たちは政治の間違いを批判すると共に、理想的な国造りを目指して、大川総裁の言葉に基づいて未来ビジョンを示してきました。

「未来日本の国家ビジョンの基本設計図」が体系的に示されたのが「新・日本国憲法試案」です。法話「幸福実現党宣言」において現行憲法の問題点を指摘された大川総裁は、立党直後の二〇〇九年六月十五日の夜にこの憲法試案を書き下ろされました。

〔前文〕われら日本国国民は、神仏の心を心とし、日本と地球すべての平和と発展・繁栄を目指し、神の子、仏の子としての本質を人間の尊厳の根拠と定め、ここに新・日本国憲法を制定する。

この〔前文〕について総裁は次のように解説しています。

『新・日本国憲法試案』(幸福の科学出版刊)

「神仏の心を心とし」とありますが、はっきり言えば、「宗教国家としての立国を目指す」ということを示しているのです。

つまり、「宗教国家としての基盤を持つ国になりたい」ということを言っており、「マルクス・レーニン主義的な唯物論を国是として立つ国ではない」ということを、ここで明らかにしているわけです。

『新・日本国憲法 試案』

共産主義は宗教を否定し、嫉妬《しっと》や暴力のような地獄的価値観を肯定した過てるユートピアを理想としました。それに対して幸福実現党宣言は神仏を信じ、その教えに基づいた政治を行うことで、仏国土《ぶっこくど》・地上ユートピアの建設を目指します。

戦後の日本にとっては、「宗教立国を目指す」ことを憲法前文で宣言するのは、ある意味で、一種の革命といえますが、世界的に見れば特別なことではありません

column1

「神」の存在を明記した世界の憲法

オーストラリア「…… 人民は、畏れ多くも全能の神の恩寵により、グレート・ブリテンおよびアイルランド連合王国国王、ならびにここに制定される憲法の下に、単一不可分の連邦国家に合一することに合意したので、（中略）次の通り定める」

カナダ「カナダが神の至高性と法の支配を承認する諸原理に基づいていることに鑑み、以下のように定める」

スイス「全能の神の名において！　スイス国民とカントンは、被創造物に対する責任を自覚し、世界と連帯し、世界に開かれた中で自由と民主主義、独立と平和を強化するために、連邦を革新することに努力し、（中略）以下の憲法を制定する」

ドイツ「ドイツ国民は、神と人間とに対する責任を自覚し、合一された欧州における同権をもった一員として世界の平和に奉仕せんとする意思に満たされて、その憲法制定権力に基づいて、この基本法を制定した」

フィリピン「主権を有するフィリピン国民は、全能の神の助力を念じながら、正義と人道に基づく社会を建設し理想と希望とを体現すべき政府を樹立し国民の幸福を増進し、（中略）この憲法を確定し、公布する」

ブラジル「われら、ブラジル人民の代表者は、（中略）社会的調和に立脚し、国内及び国際秩序における紛争の平和的解決を誓約し、神の加護の下、以下のブラジル連邦共和国憲法を公布する」

※アメリカでは、1776年に制定された「独立宣言」において、「われわれは、自明の真理として、すべての人は平等に造られ、造物主によって、一定の奪いがたい天賦の権利を付与され、そのなかに生命、自由および幸福の追求の含まれることを信ずる」と宣言している。

（出典）：畑博行・小森田秋夫編『世界の憲法集［第五版］』（有信堂高文社、2018年）、初宿正典・辻村みよ子編『新解説世界憲法集［第5版］』（三省堂、2020年）

（右ページコラム参照）。アメリカもキリスト教精神に基づいて国が造られており、大統領の就任式では聖書に手を置いて宣誓もします。

国家運営を行う上では、精神的主柱というべき哲学、思想が必要です。それは、大勢の人にとっての北極星となり、大きな判断をする上でのよりどころとなるものでなければなりません。それが人間を超えた叡智《えいち》を持つ神仏の教え、宗教です。これがなければ国家が向かうべき方向が分からず、漂流するしかなくなります。

大川総裁は国家の精神的主柱を失った日本の現状を次のように指摘します。

「政治と教育から宗教を遠ざけさえすれば、この国を弱くすることができる」ということを占領軍は考えたのです。

これは、逆に言うと、「政治と教育に、宗教が一本、精神的な柱を立てたら、この国は強くなる」ということです。

『宗教立国の精神』

このように政治の根底に宗教精神を置いた上で、外交・安全保障、経済政策、統治のあり方など「未来型国家」の姿を十六条で示されました。

日本が世界のリーダーになり切れない本当の理由

「幸福実現党の目指すもの」（20ページ）も、大川総裁が政党を立てた万感の思いが込められた文章です。こちらも二〇〇九年六月三十日に書き下ろされました。冒頭の「**この国の政治に一本、精神的主柱を立てたい**」という言葉は「新・日本国憲法 試案」で示された「宗教立国を目指す」ことと通じます。戦前の日本は国家神道を一神教風にして国の柱にしようとしましたが、体系的な教えがなく、善悪の判断ができないという弱点があるため「精神的主柱」にはなりえません。大川総裁は、神道の弱点が日本政治の「空気の支配」に繋《つな》がっていると指摘します。

日本のこのファジーな、曖昧《あいまい》な、もうとにかく責任さえ生じなければ、その場が過ぎればいいという感じは、政治の場合は、いろいろな役所の行政の場から村の会合の場まで、いろんなところで存在するんですよ。無責任体制、空気の支配。これ、妖怪《ようかい》の発生源と、国民性と両方をつなぐようなものではないかなと。ハッキリとしたリーダーが出ない。なぜなら判断ができないから。リーダーなら判断しなきゃいけない。判断したくないからリーダーがいない。

二〇二三年二月十六日法話「『妖怪にならないための言葉』発刊記念対談」

戦後、世界第二位の経済大国まで発展した日本が、世界のリーダーになり切れず、衰退の方向に向かっているのはここに理由があります。一方、日本が繁栄した時代は、聖徳太子の治世に象徴されるように、仏教が興隆した時代と重なります。善悪の価値観を教える仏教思想を復活させ「精神的主柱」とすることが、日本再生の切り札と言えるのです。

時代や国によって変わらない「不滅の正義」「正しさ」とは

同じく「幸福実現党の目指すもの」には、「**国を豊かにし、邪悪《じゃあく》なるものに負けない、不滅《ふめつ》の正義をうち立てたい**」と書かれています。

民主主義の国では、さまざまな人がそれぞれの「正義」や「正しさ」を主張します。それ自体は悪いことではありませんが、最終的に大勢の人の幸福につながる「正しさ」でなければ意味がありません。

さらに、国際的な正義は「武力」によって担保されているという考えもあります。そうなれば、軍事拡張をし、他国を武力で奪い取ろうとする邪悪な国が世界を支配する道も開かれてしまいます。

時代や国によって変わらない「不滅の正義」は、やはり人間を超えた存在の心に求めることが大事だといえます。

「正しさ」とは、結局、「大宇宙を創っている根本仏の理法に添った心のあり方」のことを言っているのです。

『幸福の法』

精神的主柱が立ってこそ、本当の「正しさ」が見えてくるのです。

幸福実現党が目指す「真なる幸福」とは何か

「不滅の正義」に続いて述べられているのは「**人々を真なる幸福の実現へと導いていきたい**」という言葉です。これはまさに政治の使命です。「幸福実現党」という党名には、政治が果たすべき使命が入っているのです。

ただし、私たち幸福実現党の目指す「真なる幸福」とは自分勝手な生き方をして得られる一時的なものではなく、「この世とあの世を貫く幸福」です。

「人生はこの世限り」「人間は死んだら何もかもなくなる」という唯物論《ゆいぶつろん》が真実な

らば、詐欺や強盗などの悪事を働いてお金を奪い、好き勝手な生き方をしても「バレなければいい」ということになります。そこまでいかなくても「できるだけ働かず、ラクしてお金が手に入るのが幸福だ」「補助金や給付金はもらえるだけもらう方がトクだ」と考える人が増えてもおかしくありません。

しかし、「人間は神の子、仏の子である」「人間の本質は魂であり、永遠の生命を持って、魂修行のために何度もこの世に生まれ変わってくる」「死後は生前の思いと行いに応じた世界に赴《おもむ》く」ことが真実ならば、「幸福」の考え方は百八十度変わるでしょう。両親、生まれ育った地域、障害の有無など、人それぞれ生まれた環境や条件は違いますが、それは魂を磨くために、各自の課題に必要な環境を自分で選んできたのです。

このような「霊的人生観」を理解すれば、環境への不満、他者への嫉妬を合理化する共産主義や、手厚すぎる行政サービスで怠け心を助長する福祉国家は地獄への道であり、努力して自分を磨き、他の人の幸福や社会の発展のために生きることが幸福への道であることが分かります。

私たち幸福実現党は、こうした「霊的人生観」を踏まえた幸福を実現し、死後は天国に還る人が増えるような国造りを目指しているのです。

憲法で保障されている基本的人権をもっと高めることで、努力をすれば神様に近づいていけるような人生修行ができ、この国をそういう場にできるように、それを国のモデルとして行っていこうというのが、「宗教立国の精神」なのです。

『正義の法』

そのためには、神仏の価値観に基づいて「自由」と「チャンスの平等」が保障されること、正義ある平和が守られることなどがあります。しかし、神仏の心と反対の価値観が広がり、この世に生まれたことをきっかけに堕落し、地獄に堕ちる人が増えるようなら、ど

『正義の法』(幸福の科学出版刊)

のような未来が待ち受けているでしょうか。

「天上界的な価値観あるいは神仏の思われる価値観」と正反対の価値観で地上世界が統治され、そしてそれが地獄界と直通のかたちになっていくときに、「地球意識」も、そして「神仏の心」も、この地上での魂修行を終わらせねばならないときが来るということです。

ですから、地上を浄化するために、一時期、人類の「地上への生まれ変わりのシステム」が止まってしまうことはあるということです。

『地獄の法』

このような未来を転換し、国民一人ひとりが神に近づいていけるような魂修行の場を守りたいという神の愛の具体化が、幸福実現党の立党なのです。

4．政治と宗教は一体のもの
――過てる政教分離論を正す

政治と宗教の関係をどう考えるか、その疑問に答える

このように、幸福実現党の国家ビジョンや政策には、宗教的なバックボーンがあります。大川隆法党総裁も幸福実現党について「天上界の神々から『命《めい》』が下りて始まったもの」（『革命の心』）、「**幸福の科学という宗教団体の信仰と教義に基づいた政党**」（『政治の理想について』）であると明言しています。

政治と宗教が一体であることをこれほどまでに堂々と打ち出している政党は、日本国内では見当たりません。

幸福実現党は、人々の幸福を願う神仏の教えを、この世において実現するために

立党されたのであり、これぞ本来の宗教政党の姿と言えます。
実際、大勢の人々を苦しみから救うためには、心の教えだけでは限界があります。国家運営を誤って戦乱や貧困が深刻化すれば多くの命が失われ、心の安らぎを得ることは難しいでしょう。ゆえに、政治的な諸問題の解決について宗教は無策であってはならないのです。

政治と宗教は、表と裏、両方の面なのです。「この世をよくしていく面」と「人の心をよくしていく面」、この両者が合体して初めて、この世のなかで、人間が人生修行をすることの尊い意味というものが明らかになるのです。

『政治に勇気を』

『政治に勇気を』（幸福の科学出版刊）

宗教が政治的にも成功し、幸福な人を数多くつくることは、当然、この世から不幸を減らしていく運動にもなり、それは、

column 2

宗教政党のある国々

- ドイツ
- オランダ
- ベルギー
- スイス
- スウェーデン
- ノルウェー
- フィンランド
- イスラエル
- リトアニア
- エルサルバドル
- コンゴ
- インド
- サンマリノ
- サモア
- チェコ
- ホンジュラス
- 南アフリカ

など

※政教一致を原則とするイスラム教国はのぞく

政治と宗教が、物心両面から、この世をユートピア化していく流れでもあると思うのです。

『宗教立国の精神』

大川総裁はこのように述べて、「宗教は政治と協力し、補完しあう関係にならなければならない」と結論づけています。

国造りの基となる「メシアの法」を封じかねない憲法二十条の問題点

しかしながら、憲法に「政教分離」の規定があるから、宗教が政治に関わるべきではないという主張もたびたび耳にします。

しかし、これは全くの誤解であり、通説の憲法解釈とは異なります。

政教分離の規定は本来、特定の宗教を国家が保護することで他の宗教が迫害されることがないようにして、信教の自由を守るために設けられたものです。決して、宗教が政治活動をしてはいけないという趣旨ではありません。これは歴代の内閣法制局の見解としても示されています。

ただ、このような誤解が生じるのは、憲法二十条の立て付けに問題があるからです。憲法二十条は「信教の自由」を保障しながら、一項後段に「いかなる宗教団体も、国から特権を受け、又は政治上の権力を行使してはならない」、三項に「国及びその機関は、宗教教育その他いかなる宗教的活動もしてはならない」といった

「付帯条項」があり、これが宗教を日陰の存在に押し込めています。

そもそも政治と宗教を分けるべきという発想は、両者を同列のものとみる「邪見《じゃけん》」（宗教的に間違った見方）から生じていますが、宗教は神の心、神のお考えを示すものであり、政治の上位概念にあるものです。

心の教えやあの世の幸福のみを説く宗教もありますが、教義に政治や経済についての指針が含まれている宗教もあります。間違った政治によって犯罪が増えたり、人々が不幸になったりしないよう、神仏は「国造り」に関心を持っておられます。ですから、政治や経済の教えを説く宗教があるのは当然のことなのです。

『旧約聖書』に出てくる「メシア」とは、魂の救済を行う宗教家と救国の政治的指導者を兼ねた存在のことですが、霊的人生観を踏まえた政治、経済の指針を示す大川総裁の教えはまさに「メシアの法」と言えます。

宗教に「政治に関わってはならない」というのは、この「メシアの法」を封じる所業であり、「信教の自由」に反します。

「正しい政治運動は、幸福の科学の使命そのものである」と、私は言いたいのです。あえて違いを言えば、「教えの流布《るふ》」を中心とするのが宗教としての幸福の科学であり、「この世における具体的なユートピア実現の運動」が幸福の科学の政治部門としての幸福実現党の役割であると考えています。

両者は決して別のものではありません。それらを別のものだと解釈する者に対しては、「悪魔の力」がそこに加わっていると断言するものです。

『宗教立国の精神』

神の仕事を邪魔し、この世を混乱させて人々を不幸にしようとしている悪魔にとっては、神の心が政治に反映されない方が都合がいいわけです。

大川総裁は、二〇二二年十二月に行われた法話で、次のように力説されました。

『宗教立国の精神』（幸福の科学出版刊）

「宗教の本道」とは、この世の幸福とあの世の幸福を一致させること――これに尽きるということです。

『真実を貫く』

神仏の心は、政治と宗教を分けることにあるのではなく、神仏の願いが反映された「よき政治」をいかに行えるかにあり、その中で国民が、この世においてもあの世においても「幸福」になれるかが重要だということです。

したがって、政教分離の議論は、憲法解釈をどうするかという技術的な問題にすぎません。本当に大切なことは、一人ひとりの幸福が実現される道を選ぶことであり、それは憲法十三条にうたわれた幸福追求権の趣旨とも一致するはずです。

5. 日本をユートピアの前線基地に

地球規模の視点から見た時に見えてくる、日本が世界に果たすべき役割とは

幸福実現党の目指すところは、日本だけではなく、地球そのものをユートピアにしていくことです。

大川総裁は最初から世界を射程に入れて、幸福の科学グループを創設し、幸福実現党を立党されました。

『大川隆法の守護霊霊言《しゅごれいれいげん》』では、大川総裁が日本に生まれた理由は、「白人優位主義による植民地支配に対する修正」「神仏の封じ込め作戦としての共産主義運動との戦い」「イスラム圏の改革」の三つを成しえる発信点だったからという真実が明かされています。

日本は白人社会でもイスラム圏でもなく、東洋文明と西洋文明を統合する特徴を

持つ自由主義の国です。こうした点から見ても、地球規模の問題に客観的に対応することができ、世界の宗教紛争を終わらせる使命を担っていると言えます。

大川総裁は、さまざまな国の主要都市で講演をし、「日本という国が、果たすべき使命を果たしていない」と感じたことが、幸福実現党立党のきっかけの一つになったと述べています。

「最終的には、ユートピア創りのための、一つの前線基地と言うべきものをつくらなければいけない」という気持ちで立党しました。

『宗教立国の精神』

幸福実現党は、日本を出発点としますが、やがて世界各国に旗揚げしていきたいのです。

『政治の理想について』

日本の高い精神性と文化の源流は三万年前の「天御祖神《あめのみおやがみ》」の教えにあった

日本が中心となって世界のユートピアを目指していくというビジョンは、「日本は侵略戦争を起こした悪い国である」「日本だけ大人しくしていれば世界平和がもたらされる」と教え込まれてきた日本人にとっては、にわかに受け入れがたいものかもしれません。

そこまでいかなくても、日本文明の基礎は中国にあり、中国からさまざまな思想や道具、稲作などが伝えられたという「史実」を常識として受け入れてきた人は多いのではないでしょうか。

しかし、日本は三万年以上の歴史を有しており、日本の文明がインドや中国に伝わっていったとしたならば、日本の立ち位置は変わってきます。

日本の本当の歴史を伝える文献として、ヲシテ文字という古代文字で記された『ホツマツタヱ』という歴史書があります。ここには、天地開闢《かいびゃく》についての神話、日本建国の理念、宇宙観、そして日本文明の源流を創られた「天御祖神《あめのみおやがみ》」の存在について書かれています。

具体的には、「天御祖神」がそもそもの宇宙の起こりであること、天御祖神によって、地球と太陽、月が生まれ、人類が生じたこと、人は天御祖神の分け御魂《みたま》であり分身であること、天御祖神はすべての根源にある創造主的存在であること、などが記されています。

まさに西洋の「創造主」「造物主」にあたる御存在が、過去に日本に降りられ、高度な文明を創られたことが明かされているのです。

この文献については、戦前から信じられてきた日本の歴史を揺るがすものであるため、「偽書」だと主張する人もいますが、大川総裁はこの天御祖神の真実について『天御祖神の降臨』『天御祖神文明の真実』『天御祖神と日本文明の始まり』といった著書で詳しく明かしています。

有色人種の中で、なぜ日本人にだけ、徳治政や、物づくりの精神、勤勉の精神、神仏への信仰心がとぎれたことがなかったのか。汚《けが》れを嫌い、心の清らかさや礼節、和の精神が生まれたのか。（中略）**日本文明はわずか三千年たらずのものではないのである。**

『天御祖神文明の真実』まえがき

他にも「礼儀作法」「男女の調和のあり方」「秩序」「武士道」といった「日本の心」は、天御祖神によって教えられたということが明らかにされています。

世界から尊敬を集める日本の優れた精神性や文化は、宇宙の造物主と同一の御存在にその源流があったのです。

そうして、このような真実を明かせる御存在が再び日本に降りられているのです。

このことが日本の誇りであり、だからこそ日本は自国のみならず、地球すべての平和と発展・繁栄をリードしていく使命があると言えるのです。

幸福実現党はこのような歴史観のもとで誕生した、唯一無二の政党なのです。

第2章

政治の基本原則「自由・民主・信仰」

1. 幸福実現党は「政治哲学」を持った政党

幸福実現党の主張が一貫してブレない理由とは

幸福実現党はよく「ブレない政党」だと言われます。実際、二〇〇九年の立党以来、国内外の情勢に応じて新たに付け加えた政策、若干のトーン調整を行った政策はありますが、十五年間、政策の方向性や主張は一貫しています。

既成政党では、その時の世論調査結果や支持率などに〝配慮〟して、政策が変わったり主張がブレたりすることがよくあります。その上、選挙の時だけ聞こえのよいことを述べて、選挙後には自分たちが掲げた政策をすっかり忘れてしまい、逆のことを進めるという現象も見られます。

例えば、二〇〇九年の衆院選で誕生した民主党政権は、選挙中は「任期中の四年間は消費税を上げない」と言っておきながら、社会保障を充実させるためという名目のもと、消費税率８％、10％への引き上げを含む法律を成立させました。

また、自民党は電力の安定供給のためには「原発再稼働」が必要だということが分かっていながら、福島第一原発事故で世論が脱原発に傾いた際には、選挙公約で原発再稼働について真正面から触れるのを避けてきました。

なぜ幸福実現党はブレないのか。それは、政治哲学がはっきりしているからです。

大川隆法党総裁は次のように述べます。


当会には、いわゆる「政治哲学」があると思うのです。「多数がどう言うか」とか、「どちらが有利か」という考えとは別に、「普遍的な真理」に照らして、言葉を換えれば、「神の心」「仏の心」に照らして、「これは真実と思うか、思わないか。正しいと思うか、思わないか」ということに非常に忠実なのです。

『政治哲学の原点』

政治とは、この世の現象として現れてくる具体的な活動であり、時には予想もしなかった未知の問題がたくさん出てきます。その時に、一貫した哲学があると「根本の哲学に照らせば、こういう方向で考えるべきではないか」ということが見えてくるわけです。

幸福実現党の政策が立党時からブレることなく一貫しているのは、この政治哲学のところで一本筋が通っているからだと言えるのです。

日本では幸福実現党だけが掲げる、その「政治哲学」とは

幸福実現党の「政治哲学」は、アメリカで言えば共和党、イギリスで言えば保守党に近く、「小さな政府」「自由」を目指す考え方です。

現在の自民党は、アメリカの民主党以上に「大きな政府」や「結果平等」を重視するスタンスで、「小さな政府」や「自由」を掲げる政党は、日本では幸福実現党

だけといってよいでしょう。

そして、幸福実現党の「政治哲学」は、幸福の科学の信仰と教義がベースになっています。この幸福の科学の教義は、仏教やキリスト教など価値観を教える「高等宗教」の内容を含みつつ、さらにそれを統合する高みを持っています。ゆえに、幸福の科学の信者のみならず、教えに賛同できる人や宗教をよきものと考える人たちと力を合わせて、日本をよくしていきたいと考えています。

日本では、神は人間にご利益《りやく》を与えてくれるもので、信じればよいことがあるというような「信仰観」がありますが、そうした信仰観をベースにした政治哲学では、複雑化する国際情勢に対応できません。現在の日本外交は、常にアメリカの顔色を見ながら、「どちらが得か」「どうしたらアメリカのご機嫌を損なわないか」という発想で進めているように見えます。

例えば、ロシア―ウクライナ戦争ではアメリカに追随し、ハマス―イスラエル戦争では、アメリカに配慮しつつも産油国との関係を維持すべく、人道目的での休戦などを求める二〇二三年十月の国連決議を棄権しました。

国家間の対立など、正義と正義がぶつかり合い、判断が難しいテーマであればあるほど、「神の心」に通じる政治哲学を持っていなければ答えは出せないのではないでしょうか。

幸福実現党には、「新・日本国憲法試案」や「幸福実現党の目指すもの」をはじめ、政治哲学の体系があります。さらに二〇一八年に大川党総裁が降ろされた七箇条からなる「幸福実現党の精神」があり、こちらは幸福実現党が実施する研修で開示されています。

この「幸福実現党の精神」の条文の一つに「**自由・民主・信仰を政治の基本原則とし、**」という言葉があります。

さらに二〇一九年五月に、幸福実現党立党十周年の党大会にて党総裁が行った法話を収録した書籍『自由・民主・信仰の世界』では、次のように説かれています。

「自由」「民主」「信仰」こそ、未来の世界を切り拓くためのキーワードである。国民が幸福になり、幸福であり続けるためには、必須《ひっす》のチェックポイントである。

『自由・民主・信仰の世界』まえがき

『自由・民主・信仰の世界』(幸福の科学出版刊)

しかしながら現在、この三つの言葉の意味は誤解されています。「自由」と「民主」を党名に掲げる自由民主党が、増税とバラマキ政策を推進しても、誰《だれ》も疑問に思わないのがその現れです。

この三つの意味を正しく理解するには宗教的な視点が必要であり、その点、正しいかたちでこの三つが揃《そろ》っている国は世界にないと言えます。これが現在の日本と世界の行き詰まりを招いているのです。

2.「神の言葉が成就する国家」を目指して

世界にある全体主義国家が「受け入れられない考え方」を分析する

世界には、さまざまな政治体制の国があります。

一つには全体主義国家と言われる国です。国家が決めたルールや目的のために、国民が「道具」になる国です。そうした国では自由がなく、信教の自由はもちろん、言論・出版の自由、表現の自由が厳しく制限されています。当然、国民の声が政治に反映されることはなく、国のリーダーを選ぶこともできません。

こうした国は「自由」と「民主」の考えを入れるだけで自動的に崩壊します。

ですから、独裁体制を敷いている一握りの指導者は、自由と民主を求める意見や政治運動などが生じてきたら必死になって潰《つぶ》そうとするわけです。

また中国は、自国を開かれた国に見せるため「信教の自由」を認めているとアピールしています。しかしながら、中国国内にあるキリスト教カトリックの教会では、バチカンが任命した聖職者は骨抜きにされ、中国当局が選んだ聖職者が宗教儀式や説法を取り仕切ります。政府は「宗教の中国化」を進め、キリスト教の愛の教えとはかけ離れた共産主義の考え方や中国の体制と矛盾しない「教義」を信者たちに教えているのです。このようなものが「信教の自由」であるはずがありません。

全体主義国家にとっては、人間を超えた「神」の存在を教える宗教は都合が悪いので、「自由」や「民主」はもちろん、「信仰」も受け入れがたいわけです。

全体主義国家に対して「自由・民主・信仰」を認めるように強く働きかけていくことは、そこで苦しむ国民たちを救う道でもあるのです。

従来の常識である「自由」と「民主」だけではもはやうまくいかない

一方、日本やアメリカのように、基本的には「自由」と「民主」を尊重する政治体制の国があります。「国家からの自由」は保障され、一定以上の年齢に達した国民に等しく投票権が与えられ、政治参加の自由も認められています。

しかし、現在の「自由」と「民主」を尊重する国の多くは、「政教分離」の考えのもと、信仰をないがしろにした政治が行われています。

第1章でも述べたように、「政教分離」は国家が特定の宗教を保護することで、他の宗教が迫害され、信教の自由が奪われないようにするために設けられているにもかかわらず、社会から宗教心を取り去ろうとする動きが見られます。

たとえばアメリカでは、人工妊娠中絶の是非をめぐって国が二分しています。この背景には宗教対立があります。キリスト教カトリックは、受精した段階で人間であると考え、中絶に絶対反対の立場です。犯罪による妊娠であっても中絶できないという考えは極端ですが、神の心や「胎児の生命」をないがしろにし、自分勝手な生き方を自由や人権と混同し、「中絶は女性の権利だ」と声高に主張することも問題だといえます。

また、キリスト教は「人を殺すなかれ」と教えているにもかかわらず、キリスト教国同士で戦争が行われたりします。また、キリスト教の精神が入っているなら、アメリカはロシア―ウクライナ戦争の停戦をいち早く呼びかけるべきでした。ところがバイデン政権は、ロシア憎しの思いから、ウクライナの支援をだらだらと続け、戦争を長引かせています。

このように「自由」「民主」の国であっても「信仰」の観点がなければ、社会は混乱し、国の方針を見誤ることになります。

さらには、政教分離とは真逆の「政教一致」「祭政一致」の国があります。こうした国はイスラム教国に多くみられますが、「信仰」を大切にし、「神の教え」を政治に反映しようとしています。しかしながら、こうした国の代表格であるイランでは女性の人権がないがしろにされ、亡命する人が後を絶ちません。国民が亡命を欲する国は、よい国ではありえません。

このように政教一致の国が人々を不幸にするのは、人間の認識力が足りず「神の教え」の解釈が間違っているからです。

例えば『コーラン』を読んでも、現在の複雑化した国際政治に関する神の心は分かりません。そこで、イスラム教国の宗教指導者が、過去に説かれた教えをもとに、自分たちに有利な解釈をして政治を行っているために問題が生じているのです。

大川総裁は、『信仰の法』において**「私は、本来、神の言葉が成就する国家の運営を実現できればよいと思っています。しかしながら、今、そういう国は世界に見当たらないのです」**と語り、「政教分離」の国も「政教一致」の国も共に問題があると指摘されています。

その問題を乗り越えていく政治哲学の一つが「自由・民主・信仰」なのです。「政教分離」の国は、「自由」「民主」があって「信仰」がなく、「政教一致」の国は「信仰」があっても「自由」「民主」がないがしろにされる傾向があります。

この三つの考え方がセットになっているかを常に確認することで、人々の幸福を願う神の心に沿った政治を実現していくことができるのです。

3.「自由」の創設こそ政治の目的

「自由だから何をやってもよい」という考えはなぜ間違いなのか

私たち幸福実現党は、自由の大切さを繰り返し訴えてきました。それは、自由から幸福と繁栄が生まれるからです。

自由があってこそ、私たちは個性に合ったさまざまな生き方を選び取ることができます。それぞれの夢に向かって努力し、自らの手で幸福を生み出していくこともできます。それによって社会が繁栄していくのです。

ただし、私たちは、自由とは欲望やわがままの自由ではないとも考えています。

何でも好き勝手やってよいというのは、交通ルールがないのと同じです。「自動車は右でも左でも好きな場所を走れて、信号無視だって自由だ」というなら、事故が多発し、かえって自由は奪われます。

これと同じように「自分の人生なのだからどう生きようと勝手だ」「利益のためには何をやってもいい」と考えて行動すれば、他人の自由を奪うことになり、自分も傷つきます。この世のルールに反した行動をすれば、社会的な信用を失ったり、刑務所に行かなくてはならなくなったりします。ゆえに「法を守る範囲において自由である」というのが大原則であり、自由を濫用・誤用したら、その責任は必ず取らなくてはいけないのです。

例えば、憲法で保障された「言論・出版の自由」があるからといって、週刊誌などで嘘《うそ》や悪口を書き続けることが許されるはずはありませんし、企業が利益を最大化するために顧客の安全をないがしろにすれば、相応の罰や社会的制裁を受けることになります。

とはいえ、「法律にさえ反しなければ何をしても自由だ」という考え方にも多くの人は違和感を覚えるのではないでしょうか。

それは、自由の本質にかかわりがあります。

「自由」とは神の別名であり、神の光の別名なのです。それが、自由です。自由とは、神からの愛のことであり、神の愛が人々に自由を与えるのです。

二〇一二年五月十八日 質疑応答（「ザ・リバティ」二〇一二年八月号）

自由とは、この世界と人間を創造された神が愛ゆえに与えてくださったものなのです。神がこの世界や人類を創造されたように、神の子である私たち人間にもさまざまな選択肢のなかから善を選び取り、価値あるものを創造する幸福を味わってもらいたいと願われ、「選択の自由」と「創造の自由」を与えられたのです。

それゆえ私たちは自由に喜びを感じると共に、神の心に反したかたちで自由を発揮する時に、魂に痛みを感じるのです。

「神がいるならば、なぜ悪があるのか」と問う人へ

「神がいるならば、なぜこの世に悪があるのか」と問う人がいます。しかし、この世の悪や地獄の世界というのは、もともと神が予定されていたものではありません。大川総裁は、悪の発生原因について次のように説いています。

悪とは、魂そのもののなかにひそむ性質ではありません。悪とは、お互いの魂の自由と自由が相剋《そうこく》するところに生まれたゆがみであり、ひずみなのです。

『太陽の法』

神の愛である自由を間違って発揮した人がこの世において悪を生み、あの世において地獄という存在を創り出しているのです。もちろん造物主といわれる存在は、悪を犯さないよ

『太陽の法』（幸福の科学出版刊）

うな存在として人間を創造することもできたはずですが、それでは自由が制限されてしまいます。神は人間が悪を犯すことも承知の上で自由を与え、さらには神の心に照らして自らの思いと行いを振り返る「反省」という慈悲も与えてくださいました。

よく「宗教は教義や戒律で特定の考えを押し付け、自由を縛る」と誤解する人がいますが、本物の宗教は、大勢の人が自由に生きていくために必要な「普遍的なルール」「人生の交通ルール」を教えています。

人生がこの世だけなら「法律に反してもバレなければいい」「法律の抜け穴をついて自分だけ得をすればいい」などという考えも成り立ちますが、あの世の存在を説く宗教は、たとえこの世において罪から逃れることができても、死後、地獄で反省しなくてはいけないと教えます。また、誤った行為のみならず、誤った思いや考え方の反省も促します。正しい宗教は、自由に伴う責任を自覚させ、この世においても悪を押しとどめ、善を推し進める力となるのです。

こうした宗教的真実を無視し、自分勝手に生き、この世において生み出した善よりも悪の方が大きい場合は、地獄に行くことになります。地獄とは、神仏が人間を罰するためにつくったものではなく、自由を発揮して間違いを犯した魂が反省のために赴《おもむ》く場所なのです。

神から与えられた自由を発揮して幸福を創り出していくために、大きな責任を自覚する必要があるのです。

国民の自由の保障はなぜ大切なのか、その根本の発想とは

幸福実現党は、「自由は神から与えられた」という考えのもと、自由を侵害しようとする動きには反対し、国民の自由を守り、可能な限りその範囲を広げようとする観点で政策を組み立てています。

大川総裁は、「自由とは複数性（プルラリティ）のなかに発生する」と述べています。この地球には、さまざまな人種や言語の違いが存在します。また、同じ国に

生きる人でも、男女の別や生まれの差、多様な興味・関心、性格や身体的な違いなどがあります。このような「複数性（プルラリティ）」や「多様性（ダイバーシティ）」が社会の本質であり、これを認め、自由な社会を保障しなければ、多くの人が幸福に生きていくことはできません。

ゆえに大勢の人たちの幸福を守るために、国民の自由を保障することが、国家の重要な責務であると言えます。

全体主義国では、国家の目的を達するために人間を「道具」「手段」にします。そこでは多様な個性を持った人間は不要であり、それゆえ自由もありません。憲法で国民の自由が保障された自由主義の国であっても、自由は人間ではなく神から与えられたものだということを理解していなければ「コロナ対策」「福祉の充実」といった名目で、国民の自由はたやすく奪われてしまいます。

その意味で、宗教政党でなければ、本当の意味で自由の価値を理解し、守ることはできないのです。

経済的には「本物の減税」が私たちを自由にする

このように人間の幸福にとって不可欠な自由ですが、自由の行使の結果、大きな差が生まれることは事実です。

特に財産権の保障をはじめとする経済的な自由は、収入や生活環境に大きな差を生み、これが人々の苦しみの一因になってきました。そのため「自由」より「平等」を重視すべきだという人は一定数います。

幸福実現党は立党時から「小さな政府、安い税金」を掲げ、私有財産を最大限守るべきだと訴えています。「自由」には、各人の智慧と汗の結晶である富、財産を尊重する考えが入っているとして、お金持ちほど高い税率が適用される累進課税、相続税、贈与税には一貫して反対し、消費税や法人税の減税を政策として掲げてきました。

これに対しては「減税したら社会保障は大丈夫なのか」「所得再分配は政府の重

要な役割だ」という反論もあります。これは結果平等を重視する考え方でしょう。

大川総裁は、自由と平等の関係について以下のように述べています。

本当の自由を与えれば、平等はちゃんとついてくるんですよ。自由を与えれば、さまざまなものに参加するチャンスが出てくるのです。（中略）反対に、結果を平等にしようとしたときに、実は、自由は完全に圧殺されます。

『政治革命家・大川隆法』

障害を持った人、厳しい環境に生まれた人などに対する「チャンスの平等」はもちろん必要です。しかし、「結果平等」を目指した共産主義国はことごとく自由が失われ、「貧しさの平等」しか実現しませんでした。大川総裁はその理由を次のように説明しています。

平等を選んだ場合には、極端まで行くと、最後は結果平等に必ず行き着きます。この結果平等は「貧しさの平等」なのです。なぜなら、平等を言う以上、そこからは、いかなる成功者も出てこなくなるからです。

『政治の理想について』

豊かな人から多くの富を奪い、それを再分配する機能が強化されれば、一生懸命働いて財産を築こうとする人がいなくなるのは当然のことです。

長く政権与党の座にある自民党も、近年は平等志向が強くなり、バラマキ政策や政府が「ゆりかごから墓場まで」面倒をみるような政策を打ち出しています。これは「大きな政府」そのもので、国民の自由を奪います。

「自由」に対置される概念は、意外に、同じような言葉ではなくて、「大きな政

府」なんですよ。（中略）

「大きな政府」の問題点は、効率が悪いことです。目が届かないのに、自分たちで何でもやりたがるため、結局、無駄がたくさん発生して、国民に負担をかけています。

『幸福実現革命』

日本の経済成長が三十年以上止まっているのは、自由より平等を目指す考え方が強くなり、勤勉の精神が失われ、新しい価値を生み出す個人や企業が減っていることが大きな原因と言えそうです。

大川総裁は二〇二一年に発刊された『減量の経済学』においても、政府の仕事には無駄が多く、やるべきでない仕事を思い切って減らすべきだとして、「小さな政府」の考え方を改めて強調しています。

世の中に真の豊かさと幸福を広げていくために

とはいえ、自由な経済活動を保障すればすべてうまくいくわけではありません。労働者派遣法改正に代表される「新自由主義経済」は、就職氷河期時代やリーマン・ショック後に望まない非正規雇用を生みました。

また、グローバリズムの流れのなかアメリカ型の株主重視の経営が日本に入り込み、さらに「下請けいじめ」といった言葉も生まれています。最近では「生産性の低い中小企業は大企業に吸収されるべきだ」という乱暴な意見も出てきました。

競争社会を否定すれば技術やサービスを磨き合う必要もなく、経済は停滞しますが、かといって利益を得た者だけが勝者だとでもいうような「弱肉強食」の競争社会に対しては「何かが違う」と違和感を覚える人もいるでしょう。

大川総裁は、自由によって生まれる繁栄は、利己主義的な繁栄であってはならないとして、次のように述べます。

神の目から見て、「神の栄光を地上に降ろす」という意味での繁栄でなければならないのです。（中略）神の目を意識して、「それが正しいかどうか」という視点が入らなければいけないわけです。

『資本主義の未来』

『資本主義の未来』（幸福の科学出版刊）

　こうした宗教的倫理性を失うと、自分だけが儲《もう》かればよいと考え、他者の幸福を顧みない利己主義的な経済活動が横行します。そもそもリーマン・ショック自体、収入が不十分な人に家を買えると言ってローンを組ませ、倫理にもとる金融商品を売り出したことが一因です。

　経済が繁栄していくことはよいことですが、その中に宗教的精神が入っていなければ虚《むな》しいものとなります。

例えば、デイトレードのように株などの金融商品を短期間で取引し、一日に何百万円かの儲けが出たとしても、他の人を感動させ、便利にするような製品やサービスは生み出されていません。やはり、経済活動を通じてお客を幸福にし、国を発展させようという愛の心、公の精神がなければ問題が生じてきます。

日本の経済発展を担った経営者たちの多くは篤い信仰心を持っていました。

仏教に影響を受けたトヨタグループ創業者の豊田佐吉氏は、人々の利便性を高め、日本を一流国にしたいという「産業報国」の志のもと、自動織機の発明と生産に尽力しました。佐吉氏の言葉をもとに制定された「豊田綱領」には「神仏を尊崇し報恩感謝の生活を為すべし」との一文があります。

パナソニック創業者の松下幸之助氏は創造主の存在を信じ、それを「宇宙根源の力」と呼びました。その「宇宙根源の力」が願う、繁栄、幸福、平和を実現するために会社の事業もあると考えていました。京セラ創業者の稲盛和夫氏は仏教精神を大切にした「利自即利他」の経営を行い、65歳にして仏門に入りました。

このような宗教心が、自社の発展のみならず、社会や国家をも豊かにしようとする公的な経営判断、困難に打ち克つ強い使命感を支えたのです。

神仏の心にかなったかたちで経済活動を行い、世の中に豊かさと幸福を広げていく。その結果、豊かになったならば、さらに大きな事業を展開したり、騎士道精神を発揮して寄附事業を行ったりなど、経済力に見合った責任を果たす。こうした循環が、日本を繁栄させてきたと言えます。

大川総裁は「小さな政府」を目指すにあたり、国民が持つべき心構えを説いています。

「小さな政府を目指す」ということとは、「国民の裁量に任せる自由の領域を増やす」ということです。それは、「国民に責任を持ってもらいたい」という意味なのです。

同時に、国家と国民の間にある「企業」にも、ある程度、「国民の幸福を護る義

務」を担ってもらいたいと思っています。

『新・日本国憲法 試案』

個人の人生のみならず、社会や国家レベルの活動においても、自由に伴う責任を自覚しなければ、自由は必ず行き詰まりを迎えるのです。

「香港デモ」で見られた自由への希求に学べ
――「個人を超えたものに奉仕する」人生観こそ真の自由を得る道

このように、自由とは人間の幸福にとって大変重要なものですが、その大切さを理解し、守ろうとしなければ容易に失われていくものでもあります。

二〇一九年の香港デモでは、中国に「言論の自由」「政治参加の自由」などを奪われることに危機感を覚えた若者たちが立ち上がりました。自由が奪われたら、生きる意味は失われ、国家の方向性を自分たちで決めることもできません。ゆえに香港の人々は命がけで自由を守ろうとしたのです。

日本は今のところ自由が保障された国ですが、それは先人たちの努力あってのことです。もし、日本が他国に侵略されたり、エネルギーや食料の輸入が断たれたりすれば、香港のような状態になります。日本人が働くことをやめて他国に経済的に依存する状態になっても、自由は失われます。また、政府が安易に増税を行ったり法律を制定したりして、自由を求める国民の声が政治に届かなくなることも大きな問題です。

今を生きる私たちも、自由が失われないように不断の努力を重ねる使命があるのです。

ユダヤ系ドイツ人の政治哲学者ハンナ・アレントは、政治の最高の理想を「自由の創設」に置きました。自らの内面における幸福や家族の幸福はもちろん大切ですが、それを超えて、社会や国家といった「公的領域」において幸福の源である自由を創造することが、人間の尊い使命だとしたのです。この世において人間の命は有限ですが、それぞれの個性を生かして理想的な社会や国づくりに貢献し、何らかの生きた証を残すということは尊いことであり、アレントはこれを「アクション（活動）」と呼びました。

大川総裁は、「政治参加の自由」の大切さ、尊さを次のように力説します。

「政治参加の自由」は最大限に保障しておかなくてはなりません。これは、「自分たちの運命を自分たちで決める自由」なので、（憲法試案に）**一行、入れておきたいと思います。**

『新・日本国憲法 試案』

政治参加のチャンスの平等が与えられているならば、政治参加の自由を駆使しなくてはいけません。「人間には、尊い権利と同時に、尊い義務もある」ということです。（中略）

「努力によって公的幸福を創造することができる」ということは、人間としての誇りであり、栄光であり、この世に生きた証でもあります。「自分の有限の人生を、有限ではないもの、不滅のもの、不朽のものにする」という一つの尊い行為を、この世に遺すことができるのです。

『政治の理想について』

人間は、神の愛ゆえに与えられた自由を自分のためだけに使うのではなく、尊い自由を生かして公的な幸福に貢献していく使命があるのです。

「個人を超えたものに奉仕する」という人生観は、「人生はこの世限りである」「人は死んだら何もなくなる」という唯物論からは決して生まれません。神への信仰を持ち、「人間の本質は魂である」「死んでもあの世がある」という霊的人生観がなければ、この世の生存が最優先となり、自分がいかに生きやすく生きるかということが尊重されるようになるからです。ゆえに信仰を失った国は、平等や目の前の安全を求める人たちの声が大きくなり、自由を失ってしまうのです。

幸福実現党は、永遠の生命を信じ、この世が魂修行の場であると考えているからこそ、神様に近づいていくチャンスを数多く得られる自由を守ろうとしているのです。

4. 神の子が集まってこそ「民主主義」は成り立つ

多数決が絶対？　少数意見が大事？　民主主義の疑問への答え

自由と並んで民主主義の価値観も、国民を幸福にする政治に不可欠なものです。

民主主義とは、国家の方向性を決める権利が国民にあること（国民主権）を前提とした政治制度のことです。現在の日本では当たり前のものと考えられていますが、世界を見渡せば、国民が自分たちのリーダーを選べない国はまだまだ多くあります。

しかしながら現在では、「民主主義」という言葉が大変軽いものになっています。

二〇一五年、集団的自衛権の行使を限定的に認める平和安全法制の審議の際、国会前で反対デモを繰り返したＳＥＡＬＤｓ《シールズ》という団体がありました。彼らは「民主主義ってなんだ！」と叫びながら、平和安全法制に反対する自分たちの声が届かない政治はおかしいと主張し、「自由と民主主義を守る盾となる」と述べていました。

また、民主党政権下で首相を務めた菅直人《かんなおと》氏は「議会制民主主義というのは期限を切ったあるレベルの独裁を認めることだと思っている」などと発言しました。

アメリカのバイデン大統領は「我々の民主主義を守る」と言いながら、大統領選で七千万票以上を集めたトランプ氏を「民主主義の脅威」と切り捨てています。

こうしてみると、民主主義という言葉は「選挙で多数を取ったから何をやってもいい」「民主主義なんだから少数派の意見も聞き入れよ」という具合に、多数派にも少数派にも、どちらにも都合よく使われている面があります。

しかし、これはどちらも民主主義の本質を捉《とら》えているとは言えません。

そもそもなぜ、私たち一人ひとりは個人として尊重されるのでしょうか。人権の根拠はどこにあるのでしょうか。大川総裁は次のように述べます。

「信教の自由」「信仰の自由」というものは、実は、民主主義の基礎であり、これがなければ、民主主義というものは成り立たないのです。

もし、人間を、「物や機械などと同じである」と考えたならば、人間の価値というのは、基本的に土くれや石と同じようなものであり、尊さはありません。人間は、仏の子、神の子であるからこそ尊いのです。

それが、民主主義で言う「人権」の本当の意味なのです。人間が仏の子、神の子であるからこそ、人権を大事にしなければいけないわけです。

『朝の来ない夜はない』

つまり、人間は「神の子」であるがゆえに尊く、神の子たちが集まって決めたことは神のお考えに近いだろうということで民主主義が尊重されてきたわけです。

また、大川総裁は『人生の王道を語る』において、民主主義の源流には宗教があったと述べています。

イエスは、人はすべて神の子であり、素晴らしい素質を持っているとして、この世の身分や職業で差別はしませんでした。釈尊も、当時のインドにおける常識であった「カースト制」を否定し、「人は努力精進し、仏の性質＝仏性を輝かせた時に優れた者となる」と説きました。アメリカ独立宣言においても、「すべての人間は神によって平等に創られている」という文言があります。こうした宗教思想が根本にあって民主主義は成立したのです。

この世だけに視点を置いた「神なき民主主義」の末路

しかしながら、民主主義には問題点もあります。神の心を忘れ、「個人の尊重」が、個人のわがままや欲望、依存心の尊重にすりかわると、大きく方向性を間違ってしまうということです。

古代ギリシャ哲学では、「衆愚政に転落し、独裁者に支配される危険性がある」ため、民主主義への評価はあまり高くありません。ソクラテスが死に追い込まれたのは、当時、知者として権威があったソフィストに煽《あお》られ、民衆に「彼はギリシャの神を否定し、若者を堕落させた危険人物だ」と判定されたからです。いわば、「民主主義」によって殺されたのです。

ゆえに弟子のプラトンは、著書『国家』において、智慧《ちえ》を持って賢明な判断を行う政治家を「哲人王」と呼び、哲人王による政治を理想としました。

また、「ナチスのヒットラーは投票箱から生まれた」と言われるように、民主主義から全体主義体制が生じることがあります。ナチス政権が誕生した時のドイツは、第一次世界大戦後の多額の賠償金支払いによるインフレで苦しんでいました。「誰《だれ》かがこの苦境を解決してほしい」という依存心が高まり、ヒットラーに巨大な権限を与えてしまったのです。

さらには、民主主義は共産主義的な政治体制を呼び込みます。

「バラマキを要請する力」が、民主主義にはあるんですよ。
「一人一票」というのは、いい意味ではいいんだけどね。悪い意味では、要するに、税金を納めておろうが納めておるまいが、あるいは、収入を高くあげていようがあげていまいが、従業員に給料を払っていようが払っていまいが、一人一票は一票なんですよ。（中略）
そうすると、数多く票を取ろうとすれば、どうしても、「バラマキ型」になるんですよね。
『君たちの民主主義は間違っていないか。』

豊かな人や成功者に嫉妬《しっと》する人が増え、「1％の富裕層が富を独占している」「経済的理由で希望の学校に行けない人や子

『君たちの民主主義は間違っていないか。』（幸福の科学出版刊）

育て世代を余裕のある人がサポートすべきだ」「富を再配分せよ」などという声が高まってくれば、バラマキと豊かな人への重税を訴える政治家に票が集まることになります。このように、この世だけに視点を置いた「神なき民主主義」の行きつく先は、全体主義や共産主義と変わらなくなるのです。

大きな欠点があっても、それでも民主主義を選ぶべき理由

このように民主主義は、人々の欲望や嫉妬によって国の方向性を大きく狂わせてしまう弱点もありますが、それ以上に優れた面もあります。

それは、個人の幸福が目的となっていることです。

何を幸福と捉えるかにはそれぞれ違いはありますが、少なくとも人々を不幸にするような政治を行っている政治家は、次の選挙で落選するでしょう。人間は国家に奉仕させるための「手段」ではなく、一人ひとりの幸福が政治や経済、その他の文化活動の「目的」であるという考えが民主主義の根底にあるわけです。

もう一つの優れた面は、どこからでも優れた人材が出てくることです。王政の国であれば、王の血筋に生まれなければ国の統治に関わることはできません。それ以外の家庭に生まれた場合は、いくら優れた素質を持っていたとしても、政治的なリーダーとして活躍することはできません。

しかし、チャンスの平等が保障された民主主義の世の中ならば、多少の有利・不利はあるものの、どんな家庭や地域に生まれても総理大臣や大富豪になる道が開かれています。

パナソニック創業者である松下幸之助氏は、アメリカ視察の際、アメリカの繁栄の原動力は、各自の天分や知恵が十分に生かされていることにあると見抜きました。そして「民主主義は繁栄主義である」と述べたのです。

一部の人だけで国を造っていくのではなく、多様な個性を持った国民が、それぞれの強みを生かして社会に関わり、活躍できる仕組みであるがゆえに、繁栄がもたらされるわけです。

こうした考え方は、人間の魂の成り立ちに関係があります。

仏は、すべての霊に、仏に向かっての一本の道を進ませているという点に関しては平等をまもっておられます。また、すべての霊が仏に向かって進んだだけの距離でもって評価されるという点で公平をまもっておられるのです。

『太陽の法』

「努力すれば、仏になっていける道がある」「各人に、仏性が与えられている」という考え方に基づく民主主義が、尊い民主主義なのです。

『政治と宗教の大統合』

すなわち民主主義とは、一人ひとりが神仏の子であり、誰もが可能性に満ちた存在である、という人間への限りない信頼の上に成り立っている制度なのです。

アメリカ大統領選に見る、民主主義を考えるうえで大切なこと

民主主義を考えるうえでもう一つ大切なことは、この世において優れた世界を造っていきなさいと、神仏から託されているという謙虚な姿勢です。

神が人々に対して、「あなたがたが、この世において『仏国土《ぶっこくど》ユートピア』、あるいは『神の国』をつくりなさい。この世を〝実験場〟として与えるから、天国にあるような世界をこの世でつくってみなさい。その意味での〝権限〟を与えるから、やってみなさい」と託されていることを忘れてはいけないと思います。

『日本建国の原点』

「哲人王」の考え方のように、徳の高い優れたリーダーが現れ、大いなる智慧を発揮して統治をすれば、それも国家の繁栄や平和につながるかもしれません。しか

しそれでは、国民一人ひとりが「神様はどのような政治を望まれているのだろうか」「大勢の人が幸福に暮らしていくには、どうしたらよいだろうか」と考え、実行する機会を失ってしまいます。

自由のなかで正しさを選び取っていくことで、私たちは自分の人生を実り多きものにしていくのみならず、この世の政治のあり方、国のあり方を創造し、繁栄を実現していくこともできます。これは「政治参加の自由」とも言い換えられますが、人間にとっての大きな喜びであり、知恵を磨く機会でもあるのです。

ただ、個人の人生においても様々な試行錯誤や失敗があるように、国家レベルでも失敗はあります。

大川総裁は、トランプ氏が二期目を目指した大統領選で、バイデン氏に敗れた結果を受け、次のように述べました。

民主主義というのは、いろいろ揺れますので、その投票が間違いであることに気

がついたら、次に、また違う投票が起きるようになっています。

『「秘密の法」講義』

実際、アメリカはバイデン政権下で、ロシア―ウクライナ戦争、イスラエル―ハマス戦争など、二正面作戦を迫られ、中国や北朝鮮の暴走も止められないでいます。経済面ではひどいインフレに苦しんでいます。

その結果、バイデン大統領の支持率は過去十五年で最低レベルまで下がり、トランプ大統領待望論が沸き起こっています。

このように、民主主義は試行錯誤も織り込み済みであり、間違いを反省し、正しい道を選ぶことも魂の経験として神仏は許容されているのです。

大川総裁が東大五月祭講演で語った、民主主義の担い手になるべき人とは

民主主義の弱点をできるだけ小さくし、正しく機能させるにはどうしたらよいか。

それは、神仏の心を知り、それに基づいて自らの欲望を統御し、何が正しいかを考えることができる人を増やしていくことです。

民主主義の中心的な担い手になるべき人々は、やはり、「考える人」でなければならないと、**私は思っているのです。**「**考える人**」でなくてはいけません。

それは、〝Thinking Man〟というか、造語になるかもしれませんけれども、〝Thinkable Man〟です。「考えることができる**人間**」によって、**民主主義的な成果が紡ぎ出されていかなくてはならないと思います。**

『政治哲学の原点』

民主主義は、自由を与えても大丈夫なような方、自由を与えて政治参加しても間違わずに判断できるような方が多くなったときにできるのです。

そして、「そのもとは何か」というと、「**神仏を信じる心**」というのがとても**大事**

だということです。

『真実を貫く』

「人間は神仏の子だから尊い」のは確かですが、やはり神仏の子としての性質を磨いてこそ輝きを放ちます。大川総裁が世に問うてきた三千五百回を超える説法、三千百五十書を超える著作は、「神々の主」の本心を学ぶことによって正しき心の探究をし、考えることができる人となるために与えられた慈悲なのです。

さらに大川総裁は、自身の著作のみならず、様々な本を読み、学問に打ち込んで自分を鍛えることの大切さも述べています。

一九九一年、母校である東京大学の五月祭で「黎明《れいめい》の時代」と題して講演を行い、集まった学生たちに次のように語りかけました。

民主主義というものは、優れた人びとが、理想実現のために力を合わせてがんば

ってこそ、起業家精神や倫理的精神を持って理想社会を築かんとするときにこそ、最大の成果を上げることができるのです。しかし、各人が自分の欲得のために走っているときに、その多数の意見が全体の意見になるならば、まさしくこれは、独裁者に支配される全体主義の前兆ともいうべき大衆支配制の始まりとなるのです。民主主義体制をつくっている一人ひとりは、目覚め、理想に燃えた人たちでなくてはならないのです。

『人生の王道を語る』

民主主義が正しく機能するためには、「神の理想」という方向性を見失わず、追い続けることが何よりも大切なのです。

『人生の王道を語る』(幸福の科学出版刊)

5. 自由と民主に方向性を与える「信仰」の力

キリスト教とイスラム教の限界について考える

「自由」「民主」は「信仰」、すなわち「神仏の心」「神仏の理想」がなければ方向性を見失い、正しく機能しません。とはいえ「信仰」だけでは、この世における幸福の実現が難しい場合もあります。

例えばキリスト教は、来世の幸福について説かれていても、この世における政治や経済の原理については教えが不十分な面もあります。

キリスト教徒の多い欧米諸国では、「神は男女を分けて創られた」という「創世記」の記述を根拠に、同性愛者たちを処罰してきました。現在はその反動で同性婚の法制化やLGBTの権利拡大が進んでいますが、カトリックの総本山であるバチカンは、何が神の御心に適っているのか明確な見解を示せないでいます。

イスラム教も古い戒律を厳格に守りすぎて、自由と民主を抑圧しています。改宗する者を死刑にしたり、女性を守るための決まりだったスカーフの着用を強制し、これに抵抗する女性を殺害したりするのは、明らかに行き過ぎでしょう。

さらに、経済についての教えも十分ではありません。

「マタイの福音書」には「金持ちが天国に入るより、らくだが針の穴を通るほうがずっとやさしい」とイエスが語ったという記述があります。

また、『コーラン』では「アッラーは商売はお許しになった。だが利息を取ることは禁じた」という記述があります。

しかし、豊かさが否定され、熱心な信者ほど金持ちになれないとするなら、唯物論・無神論者が繁栄し、この世で力を持つことにもなりかねません。

このように「信仰」が自由性や寛容さを失わないためにも「自由・民主」と両立できるかどうかがチェックポイントになりえます。

大川総裁は、自由と寛容を大切にされます。教えを一方的に押し付け、これを受け入れない人を批判し、断罪するというスタンスは決して取られません。

立党十周年を記念した法話で、大川総裁は次のように述べました。

「民主主義」というのは、現実には、宗教にとって、かなり厳しいことなのです。ですから、これについては、私は「あえて言っている」ということを知っていただきたいのです。

『自由・民主・信仰の世界』

新しい宗教が説かれる時は、価値観のぶつかり合いが起き、善悪の峻別《しゅんべつ》がとても難しい時代です。多数派が信じる常識をひっくり返すようなことを述べる宗教や宗教政党が、急にメジャーな存在になれないことは明らかです。

しかし、大川総裁は「それでもよい」「民主主義を推し進めていく〝逆風〟のなかで、勝たなければならない」と語られました。

宗教というのは、長い歴史のなかでは変節していくこともありますから、こうした民主主義によって人々の幸福が担保されるということは、大事なことであると思っています。

したがって、私たちにとっては不利であっても、やはり、これは守るべきであると考えています。

『自由・民主・信仰の世界』

このように大川総裁は、自由の中で神仏の理想を選び取る人が増え、民主主義が担保された中で日本や世界をユートピアにしてほしいと願われています。最終的には、民主主義的な多数決が、神仏の心と一致するような国を幸福実現党は目指しています。

幸福実現党が大川総裁の政治思想を広げる活動を行っているのは、「考えること

郵便はがき

料金受取人払郵便

赤坂局承認

7320

差出有効期間
2025年10月
31日まで
（切手不要）

1078790

112

東京都港区赤坂2丁目10－8
幸福の科学出版（株）
読者アンケート係 行

ご購読ありがとうございました。お手数ですが、今回ご購読いただいた書籍名をご記入ください。

書籍名

フリガナ お名前	男・女	歳
ご住所 〒　　都道府県		
お電話（　　　）　　－		
e-mail アドレス		
新刊案内等をお送りしてもよろしいですか？ ［ はい（DM・メール）・ いいえ ］		
ご職業 ①会社員 ②経営者・役員 ③自営業 ④公務員 ⑤教員・研究者 ⑥主婦 ⑦学生 ⑧パート・アルバイト ⑨定年退職 ⑩他（　　）		

プレゼント＆読者アンケート

皆様のご感想をお待ちしております。本ハガキ、もしくは、右記の二次元コードよりお答えいただいた方に、抽選で幸福の科学出版の書籍・雑誌をプレゼント致します。

（発表は発送をもってかえさせていただきます。）

1 本書をどのようにお知りになりましたか？

2 本書をお読みになったご感想を、ご自由にお書きください。

3 今後読みたいテーマなどがありましたら、お書きください。

ご感想を匿名にて広告等に掲載させていただくことがございます。

ご記入いただきました個人情報については、同意なく他の目的で使用することはございません。


ご協力ありがとうございました！

ができる人」を増やして、自由と民主主義をより理想的なものにしていくためでもあるのです。

地球レベルでの「平和と繁栄」を実現するために不可欠なこととは

今後、世界の人々の精神的な柱となりうる宗教には、政治や経済に関する教えが含まれていることが必要です。政治や経済は大勢の人の幸福を左右するものであり、これについて神が何を望まれているか、信仰深き人たちは知りたいと願っているからです。まさに、宗教家と政治的指導者を兼ねた「メシアの法」が、求められているのです。

また、政治原理や経済原理をも含んだ信仰ある宗教こそ、旧い宗教に基づく国家や信仰を持たない国家の崩壊を立て直し、時代を再建できるのです。

幸福の科学の信仰は「エル・カンターレ信仰」です。エル・カンターレとは神々の主であり、大宇宙と人類を創られた造物主であり、地球に責任を持つ神でもあります。

その教えには、世界の成り立ちや心の教え、霊界の様子といった、宗教の根幹に当たる教えのみならず、政治や経済、教育などに関する提言も入っています。

これは、過去の世界宗教が共通して教えてきた、愛や反省の教え、霊的人生観と矛盾せず、それをも超えていく高みと広がりを持ったものです。

例えば経済活動については、努力を重ねて豊かになり、その富を良きことのために使いなさいと教えます。時間や人材を生かし切ることで自分も富み、周りも富むような「与える愛」の生き方を選ぶことを勧め、仕事や経営に関する教えが数多く説かれています。

さらに国家レベルの繁栄を実現するため、自由と自助努力の精神を重視した経済政策を提言しています。お金はあの世に持って還れませんが、経済活動を通じて心を磨き、知恵を磨くことで魂の器を広げれば、その心の豊かさはあの世にも持って還ることができるのです。

このように、エル・カンターレの教えは、時代と地域を超えて普遍性があり、国や民族、宗教の違いを乗り越えて、地球人が一つにまとまり、繁栄していくことができる教えでもあるのです。

キリスト教、イスラム教、そして仏教といった世界宗教は、すべてエル・カンターレが霊的に指導されたものであり、キリスト教の「天なる父」、ユダヤ教の「エローヒム」、イスラム教の「アッラー」は、すべてエル・カンターレのことです。

そして、エル・カンターレが創られた「転生輪廻《てんしょうりんね》」の仕組みを知れば、人類は皆、地球の神のもとで修行をしている仲間だということが分かります。この真実を受け入れた時、民族や人種を超え、人類は互いを理解し、愛し合うことができるのです。

人類は一つである。

これから、地上的な争いを乗り越える神なる存在を信じ、

その下に、

自由と民主主義を掲げる世界を続けていくことを選び取るのだ。

「自由」「民主」の価値観と共に造物主への「信仰」を広げていくことは、「地球人としての共通のベース」をつくることであり、地球レベルの「平和と繁栄」を実現していくために絶対に必要なことなのです。

『信仰の法』

『信仰の法』(幸福の科学出版刊)

第3章 地球平和を目指して

1. 幸福実現党の世界戦略

三十数年以上前から世界情勢を見通してきた大川総裁の先見力

幸福実現党は立党時から、日本の人々の幸福はもちろんのこと、世界の人々の幸福をも射程に入れて政治活動をしてきました。

常に世界のことを、人びとのことを考えてください。この世的になるのではなく、ただただ世界のことを考えてください。「世界愛」のために生きてください。それを日々の生きる指針としてください。

『The Human Condition / Beyond This World』

日本と世界の人々の幸福を祈る宗教は数多くあるでしょう。ただ、それを実現すると、高次な先見力と智慧《ちえ》が必要です。大川総裁は東京大学在学時には国際政治学を専攻し、一九九一年、総裁が三十四歳の時には、当時の防衛庁幹部約百人を相手に、「日本の安全保障」と題して、国際政治史や外交について講義もされています。大川総裁はこの世的にも国際政治や安全保障の専門知識を持ちながら、霊的世界との交流を行うことで、立党前から時事的なテーマに対する明確な価値判断を示してこられたのです。

例えば一九九〇年十二月に説かれた法話「未来への聖戦」（『大川隆法　初期重要講演集　ベストセレクション⑥』所収）では、「ＥＣ（現ＥＵ）の統合は必ず失敗する」「脱落はイギリスから始まる」と明言されていました。

さらに東京大学在学時代から米ソ冷戦の終結とソ連邦の崩壊という未来を予測し、一九九四年に製作総指揮された映画では、北朝鮮の核ミサイルの危険を警告されました。

時代に先駆けた警告、提言はすぐには理解されないものもありましたが、粘り強く訴えるなかで時代がその方向に動いていきました。

世界各地で起きている争いを終わらせる決意を込めた宣言とは

現在、世界人口が百億に迫ろうとするなかで、世界はさらに混迷の度合いを深めています。人口が増えてくることで食料や資源をめぐっての争奪戦が起き、ある国にとっての「正義」が他の国にとっての悪となるケースが出てきています。

さらには、世界の人たちの心を一つにする「信仰」が失われていることによって、今後、世界全体を巻き込む大きな戦争が起きる予兆が出てきています。

一つには、無神論・唯物論《ゆいぶつろん》の代表格である中国と北朝鮮が軍事力を拡張し、自国民の人権を奪うのみならず他国を恐怖に陥れています。信仰なき国の為政者は地上の暴君となり、軍事力や経済力で弱い国を呑《の》み込もうとしています。

そして、二〇二二年二月から始まったロシア―ウクライナ戦争は、アメリカとロシアの代理戦争の様相を呈しています。アメリカに敵視されたロシアは、「反米」

で利害が一致する唯物論国家の中国や北朝鮮とつながり、世界を二分する「世界大戦の構図」ができつつあります。
そして宗教を信じる国同士の争いが起きています。二〇二三年にはイスラエル－ハマス戦争が始まりましたが、背景にはユダヤ・キリスト教文明とイスラム文明の対立があります。お互いに「自分たちの神が正義だ」と主張して、人々を愛する本当の神の心を見失っているのです。
こうした状況に対し、大川総裁は二〇二三年の年初、次のように宣言されました。

世界人口は八十億人を超えたところですけれども、「西暦二〇五〇年までに（中略）もしかしたら四十億人ぐらいまで減る可能性もあり」ということまでいちおう考えた上で、今、世界の方向性を変えようとしております。

『真実を貫く』

地上の人々が唯物論的な繁栄だけを求めるようになり、「転生輪廻《てんしょうりんね》をして魂修行をするという神の計画」を覆すようなことがないよう、「**あと三十年でも四十年でも、〝弾〟を撃ち続けなければいけない**」という決意を述べられたのです。

2. 世界のリーダーたるアメリカの使命

神から与えられたアメリカのミッションとは

大川総裁が今まで撃ち続けてこられた〝弾〟の一つとして、超大国アメリカへのメッセージがあります。

軍事力、経済力共に世界のリーダー国であるアメリカが、神の心に沿った動きをしている時には、世界は比較的安定していました。しかしながら近年、アメリカは世界への責任を放棄し、内向きになっています。

アメリカの「内向き」傾向が顕著に表れたのが、オバマ大統領の在任時です。総裁は、大統領選挙が行われていた二〇〇八年六月段階で、オバマ大統領が誕生すればアメリカは「世界の警察」をやめることになるだろうと予見されていましたが、その五年後の二〇一三年九月、実際にオバマ大統領は「アメリカは世界の警察官ではない」と述べました。同時に、「オバマケア」に代表される「大きな政府路線」によって国民の政府依存を強める一方で、富裕層への課税強化を行うなど、アメリカを超大国にしてきた原動力である「自由」と「自助努力の精神」を傷つけました。

また二〇〇九年十一月に、中国を訪問したオバマ大統領は「アメリカは台頭する中国の封じ込めを目指すことはない」と発言するなど、融和的な姿勢を示しました。

そんなオバマ大統領が二期目を目指す大統領選直前の二〇一二年十月二十五日、大川総裁が英語で説いた法話が〝The American Mind〟です。

アメリカはアメリカであるべきです。アメリカは新たなフロンティアを目指すべ

きです。それは、新たな指令、神の新たな命令を聞くということなのです。アメリカは、神から与えられる運命や使命を放棄してはならないということです。彼らは、地球を守る誇りを失ってはなりません。アメリカは現在、衰退しているとしても、彼らはまだ、世界最強国です。ですから、悪の勢力と戦わねばなりません。

〝The American Mind〟

神を信じない「アジアの悪の大国」がその帝国を拡大したら、神の世界を破壊することになると警鐘を鳴らし、日米の同盟を強固なものとし、宗教を重んじる国を守るべきだと訴えたのです。

アメリカの心とは、神を信じる心であり、正義を信じる心であり、正義の名のもとに行動し、より良い世界をつくることです。それが、アメリカの使命です。

〝The American Mind〟

その後、オバマ氏は中国を経済面で封じ込めようと「環太平洋連携協定（ＴＰＰ）」交渉に取り組むなど対中姿勢に変化を見せたものの、本格的な中国包囲網の形成には至りませんでした。オバマ政権の八年間で、中国はＧＤＰで日本を抜き去り、南シナ海を新たに「核心的利益」と位置づけ軍事拠点化を進めました。

大川総裁の懸念通り、アメリカは軍事面でも経済面でも失速してしまったのです。

トランプ大統領誕生となって結実した大川総裁のニューヨーク巡錫《じゅんしゃく》

その後、アメリカの大きなターニングポイントとなったのは、共和党のドナルド・トランプ氏と民主党のヒラリー・クリントン氏との戦いとなった二〇一六年大統領選です。

当時の世論調査ではクリントン氏の支持率がわずかにリード。初の女性大統領誕生の期待も高まっていました。

そんななか、大川総裁は同年一月にトランプ氏の守護霊霊言《しゅごれいれいげん》を収録しました（『守護霊インタビュー　ドナルド・トランプ　アメリカ復活への戦略』所収）。トランプ氏守護霊は「アメリカ、日本、ドイツの三国で、中国の覇権主義に対して守りを固めないといけない」という趣旨のことを述べ、「次のヒットラー」である習近平氏の野心に立ち向かう決意を示しました。そして収録の最後には、「自らの過去世は、アメリカ初代大統領のジョージ・ワシントンである」と驚きの霊的真実を明かしたのです。

大統領選直前の十月には大川総裁はニューヨークに巡錫《じゅんしゃく》（※）され、政治家やマスコミ関係者も集うなか、英語で情熱的に語られました。

アメリカ国民は、単にアメリカ人であるだけではなく「世界市民」であり、「世界のリーダー」なのであるということです。あなたがたは自分たちの自由と正義と幸福を、全地球的な意味で判断しなければなりません。自国のことだけを考えては

※　錫杖を持って巡行する意から、各地を巡り歩いて教えを弘めることを指す。

なりません。あなたがたは世界のリーダーなのです。

〝Freedom, Justice, and Happiness〟

目前に迫った大統領選に関する質問に対しては、次のように明言されました。

彼（トランプ）はアメリカをより偉大な国にしてくれると思います。もしドナルド・トランプ氏を選び損なえば、アメリカは引き続き後退していくでしょう。（中略）彼には世界の問題を解決する力があるからです。彼はアメリカを変えてくれるでしょう。正直で信頼できる人物です。トランプ氏によって、新たなアメリカが再建されることを願っています。

〝Freedom, Justice, and Happiness〟

この講演後の十一月、トランプ氏は大統領に選出されたのです。

なお、一九八九年に発刊された『常勝思考』の初版で、総裁はトランプ大統領の誕生をすでに予見していました。

大統領就任後のトランプ氏は、総裁のメッセージ通り、アメリカを再び強く偉大にして、世界の諸問題も解決していきました。

経済面ではオバマ政権が進めていた排ガス規制等を見直し、エネルギー自給率を高めて中東諸国の原油に頼らない体制を敷きました。思い切った減税と規制緩和で自由の範囲を広げ、失業率は過去五十年間で最低の3・5%を記録するなど、あらゆる層の人たちを豊かにしました。

さらには徹底的な中国包囲網を敷きました。中国からの輸入品への関税を引き上げ、中国の軍事拡大を経済面から抑止したのです。また安全保障上の懸念があった中国の通信機器メーカー「ファーウェイ」に対しても事実上の禁輸措置を講じました。外交面では、金正恩総書記との歴史的な首脳会談を行い、北朝鮮の無血開城に向けて動き出しました。中国と接近していたロシアにはG8への復帰も提案し、友好関係を築きました。

中東政策においては、国際社会の反対を押し切ってエルサレムをイスラエルの首都と認めるなど、ややイスラエルびいきの姿勢が目立ったものの、サウジアラビアとの連携強化は中東への中国の介入を抑制する点でプラスに働きました。

このように、トランプ大統領の政策は既存の常識を打ち破るものだったため、マスコミや既得権益者からはなかなか理解されませんでしたが、批判に屈せずに改革を進めることができたのは、篤い信仰心があったからです。トランプ氏は「私たちの権利は創造主から与えられたものであり、地上のいかなる力もこれらの権利を奪うことはできない」と語るなど、各地の演説でたびたび創造主への感謝を捧《ささ》げています。

まさに「自由・民主・信仰」の価値観を体現したアメリカの偉大なリーダーだったのです。

大川総裁がバイデン氏の大統領就任時から、すでに予測していた「アメリカの没落」

しかし、トランプ氏の改革は順風満帆とはいきませんでした。

二〇一九年末に中国・武漢市で最初の新型コロナウィルスの感染者が報告されてから、わずか数か月で全世界に感染が広がりました。

このウィルスで、アメリカでは百十万人を超える方が亡くなり、トランプ政権で好景気に沸いていた経済も大きなダメージを受けました。繰り返されるパンデミックにより、コロナ感染対策が不十分だと批判され、トランプ政権にとって大きな痛手となりました。

さらにコロナ感染抑止を理由に急速に広がった郵便投票は、不正選挙の温床となったとされています。

とはいえ、選挙結果を覆すまでの不正があったとは認定されず、再選を目指したトランプ氏は、民主党のバイデン氏に敗れました。

大統領選まで一年を切ったタイミングで突如広がった新型コロナウィルスとは何だったのか。大川総裁は二〇二〇年二月段階で霊的に調査を行い（『中国発・新型コロナウィルス感染　霊査』）、新型コロナウィルスは中国によって人為的につくられたものであると突き止めました。さらにウィルスの遺伝子配列にエイズウィルスの遺伝子が入っていることを指摘し、「中国の生物兵器である」と明言しています。

つまり、アメリカは中国から攻撃を受けていたわけですが、トランプ氏の後を継いだバイデン大統領は中国には融和的な姿勢を見せ、代わりにロシアを追い詰めたのです。

大川総裁は、二〇二〇年大統領選前の八月十七日、バイデン氏の守護霊霊言を行って、バイデン氏が中国に融和的な政策を取ること、万が一米中戦争が起きても「戦場は日本で止めたい」という本音を明らかにしていました（『米大統領選　バイデン候補とトランプ候補の守護霊インタビュー』所収）。そして、バイデン氏の大統領就任直後には「**世界最強国は泥舟に乗って、次の時代に船出した。『戦略的忍耐』という名の『国家の没落』**がやってくる」（『バイデン守護霊の霊言』まえがき）と述べていました。

バイデン政権下のアメリカが大川総裁の指摘通りになったことは一年も経たずに見えてきましたが、約四年経った現在では誰《だれ》の目にも明らかです。

経済面では巨額の政府支出によって、深刻なインフレを引き起こしています。多くの人が家賃の支払いもままならず、路上生活者の数は過去最高水準に達しました。

また二〇二一年八月のアフガニスタンからの米軍撤退は、タリバンに二十年ぶりの政権奪還を許し、米軍が残した武器はタリバンによって各国のテロ集団に売りさばかれ、アメリカの威信を地に落としました。

さらにロシアを「専制国家」として敵視し、ウクライナを事実上、NATOの一員であるかのような扱いをしてロシアを挑発した結果、ロシア―ウクライナ戦争を引き起こしました。日本を含む西側諸国から制裁され、安全保障面でも追い詰められたロシアはやむを得ず中国との関係を深め、中露を筆頭に反米国家が結束し、世界大戦の構図をつくり出しています。

中東でも失策を重ねています。トランプ政権時は友好関係にあったサウジアラビアと関係を悪化させ、中東への中国の介入を許し、混乱に拍車をかけました。ロシアと中東への二正面展開によって、アメリカはアジア方面に戦力が割けず、朝鮮半島と台湾の緊張も高まっています。

このようにバイデン大統領の外交の失敗は、世界中に戦争を拡大させたのです。

大川総裁は、二〇二〇年の大統領選でトランプ氏が当選していたら、北朝鮮は繰り返しミサイルを撃ったり、核兵器開発を進めたりはしていなかっただろうし、ロシア—ウクライナ戦争も起きていなかっただろうと述べています。

バイデン政権のあまりの惨状に、民主党寄りのメディアもバイデン大統領を批判し始めています。

世界の平和と繁栄のために必要な「日本」と「アメリカ」の力

このように大川総裁は、世界の安定のために強いアメリカの力が必要だと考えています。先述したニューヨークの巡錫でも、次のようにアメリカにメッセージを送りました。

偉大な力には、偉大な責任が伴います。
あなたがたアメリカ人には、世界に対する偉大なる責任があるのです。

〝Freedom, Justice, and Happiness〟

しかしながら、大川総裁はアメリカが時に見せる白人至上主義の驕《おご》りも正そうとされています。二〇〇九年八月、広島で行われた街頭演説では、強い口調で原爆投下の責任を問いました。

私は言います。神仏の目から見て、私は言います。原爆は、落としたほうが悪い。落としたほうが絶対に悪い。国力が大きいか小さいかによって善悪が変わるものではありません。落としたほうが悪いんです。

『未来へのビジョン』２００９街頭演説集②

アメリカが原爆投下を「反省」しない弊害についても鋭く指摘しています。

原爆を二発落としたアメリカは、それについて謝ったり反省したりしたことは一度もありません。ですから、それは、「正義のために原爆を落として、インディアンよりも悪い日本人を殺してやったんだ」ということで止まっているわけなのです。「正義のために原爆を落としていい」ということは、まだ全然変わっていないので

す。（中略）

最初に原爆を落としたところは反省していませんので、ほかの国にとっても「自分たちの国の正義」というのはありえるのです。

『真実を貫く』

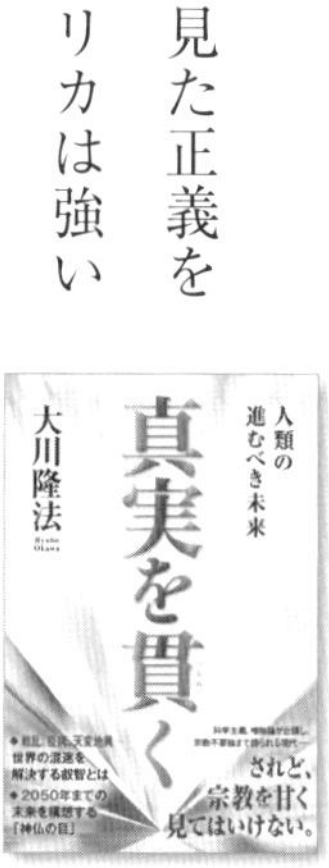

『真実を貫く』（幸福の科学出版刊）

日米が協力して使命を果たすには、神の目から見た正義を知り、日本は敗戦国として自虐的にならず、アメリカは強い国力に伴う責任を自覚することが大切です。

トランプ政権誕生後、大川総裁が「**日米が基本的に共有している価値観によって、あと三百年は世界をリードしていく時代をつくることができるはずです**」（『繁栄への決断』）と語られたように、日米は神の願われる「自由・民主・信仰」の価値観の下、世界の平和と繁栄を創り出すリーダーとなることが求められているのです。

3. 中国包囲網を築いた五大陸巡錫《じゅんしゃく》

香港――大川総裁が提言する「中国の香港化」を目指す使命と責任

現在の世界において大きな脅威になっているのは中国です。特にその危険性が高まったのが、習近平氏が最高指導者に就任してからと言えます。

大川総裁は二〇一〇年十月二十一日、次期国家主席となることが予定されていた習近平氏の守護霊霊言を収録（『世界皇帝をめざす男　習近平の本心に迫る』）。世界に先駆けて中国の次期最高指導者の本音を明らかにしました。そこでは「すべての黄色人種を中国の支配下に置く」「沖縄はもともと中国のもの」「世界帝国を建設する」といった驚きの本音を明らかにしました。習氏についての情報が十分になかった時から、その全体主義的傾向を見抜かれていたのです。

幸福実現党もこれを受け、中国の危険性を訴え、対中国を意識した外交・安全保障政策、経済面においては脱中国を訴えてきました。

その後、習氏は徐々に「本性」を表し、軍事力を増大させて他国を威圧すると共に、見せかけの経済力をテコに他国への影響力を強め、覇権拡大を着々と進めています。現在では国家主席の任期を撤廃し「終身皇帝」として独裁体制を築き上げています。

大川総裁は二〇〇七年から五大陸での海外巡錫《じゅんしゃく》を行ってきました。二〇一〇年に習氏が次期最高指導者になることが確定し、中国の脅威がさらに高まってからは、海外講演を通じて、言論による中国包囲網も築いていかれました。

その象徴的な一手と言えるのが、二〇一一年五月二十二日に行われた香港での講演会です。大川総裁は前日のフィリピンでの講演会で声がほとんど出ない状態でした。しかも大雨警報が発動され、すべての交通機関がストップするかどうかという悪条件のなか、香港の使命を英語で熱く語りました。

あなたがたは、中国の一部ではありますが、中国の教師なのです。（中略）あなたがたは、中国人のリーダーなのです。ですから、もし、私があなたがたに何らかの使命を与え、何らかの責任を与えるとするならば、中国のすべての人々を啓蒙《けいもう》し、中国の未来の方向性を指し示す責任を受け入れていただきたいと思います。

〝The Fact and The Truth〟

香港が中国に呑《の》み込まれるのではなく、香港の繁栄を築いてきた自由と民主主義を中国に教えて中国を香港化することがあなたがたの使命だ、という大川総裁のメッセージは、香港の人たちに勇気と希望を与えました。

その後香港では、二〇一四年には香港行政のトップである行政長官の選挙が民主的に行われることを求める「雨傘革命」、二〇一九年からは逃亡犯条例改正案に反対する過去最大の二百万人規模のデモが起きました。逃亡犯条例とは、香港で拘束された刑事事件の容疑者を中国本土に引き渡すことを可能にするもので、成立すれば香港で中国に批判的な活動をしている人たちが中国の法律で裁かれることになります。香港返還時に中国が国際的に約束した「一国二制度」が崩壊する自由と民主の危機に、香港の人たちは必死で抵抗しました。

民主化運動の高まりによってこの条例案は撤回されましたが、中国は二〇二〇年に香港国家安全維持法を施行して民主化運動を弾圧しました。さらに二〇二四年三月には、この法律を補完し、より恣意的《しいてき》な運用を可能とする国家安全条例が施行されました。

現在では、民主化運動のリーダーたちは投獄、もしくは亡命し、香港の自由と民主は風前の灯《ともしび》となっていますが、香港の人たちの活動は、世界中に中国の全体主義的傾向を知らしめた点で非常に大きな意義があったと言えます。

今からでも西側諸国は中国に「一国二制度」を守るよう圧力をかけるべきです。

台湾——毅然《きぜん》とした姿勢を支えた大川総裁の「不惜身命《ふしゃくしんみょう》の一撃」

香港の自由と民主主義が失われていく姿に最も危機感を覚えたのは台湾でしょう。台湾は、国民党の馬英九政権時代に中国との経済関係を年々、強化していきました。二〇一四年の「ひまわり学生運動」は、「サービス貿易協定」の批准反対を契機として起きたもので、「今日の香港、明日の台湾」という言葉がスローガンとなりました。背景には、中国に「言論の自由」を奪われることへの危機感があったのです。

この危機感が二〇一六年、中国に毅然《きぜん》とした姿勢を取る民進党の蔡英文《さいえいぶん》政権誕生につながったのですが、中国は台湾と国交を結ぶ国にアプローチし、次々と台湾と断交させるなどの嫌がらせに出ました。財界にも圧力をかけ、中国頼みの観光業も大打撃を受けました。

そんななか、蔡英文総統二期目の選挙を控えた二〇一九年三月、大川総裁は台湾に巡錫されました。二月初めに李登輝元総統から総裁宛《あ》てに「台湾の未来をよろしく頼む」という手紙が届いたこともきっかけの一つとなりました。

地元政治家やメディア関係者を前に、総裁は全体主義国家・中国の誤りを縦横無尽に説いたうえで次のように喝破しました。

蔡英文氏は、「独立という言葉を出したら、中国が硬化して、外交上、不利な扱いを受けるから、そういうことは言えない」というようなことで、言葉を選びながら抽象的に言ってはいますが、独立などする必要はありません。もうすでに、台湾自体が「別の国家」として成長してきています。この国家は別の国家だと思います。

私がお願いしたいことは、この台湾の繁栄と発展、民主主義、自由主義、そして、資本主義的なものの考え方と、信仰を大事にする考え方を、中国全土に広げること

であり、実は、これが、中国の人民の幸福につながるのです。

『愛は憎しみを超えて』

中国が「台湾は中国の一部」という歴史的根拠のない主張を繰り返し、武力行使もほのめかすなか、大川総裁の言葉は台湾の人々に大きな衝撃を与えました。

さらには、「日本と台湾の同盟関係の樹立も必要である」「台湾の未来に日本は一定の責任を持つべきだ」という具体的提言を行いました。台湾を何としてでも守り抜くという愛の言葉に、参加者からは「誰《だれ》も言うことができなかった中国の問題に言及してくださって感謝します」「中国の脅威に恐れることはないと励ましてくださって感激した」との声が上がりました。

大川総裁はこの講演を振り返り「**著者渾身《こんしん》の一時間余りの言論戦であり、講演中、暗殺される危険も覚悟した不惜身命《ふしゃくしんみょう》の一撃である**」（『愛は憎しみを超えて』まえが

『愛は憎しみを超えて』（幸福の科学出版刊）

き）と述懐しており、まさに命懸けのメッセージを送ったのです。

この講演後、蔡英文総統は「我々は既に独立主権国家である」と強気の発言をしました。総裁のメッセージは確実に台湾の人々の意識を変えたのです。

その後、蔡総統は過去最大の得票数で再選し、二〇二四年の総統選では、中国に毅然とした態度を貫いてきた民進党の頼清徳《らいせいとく》氏が当選を果たしています。

幸福実現党も台湾との関係強化を進める政策を打ち出すと共に、日台友好議員連盟を結成し、交流を深めています（左ページコラム参照）。

ドイツ——ヨーロッパの盟主に期待される役割を提示する

「世界帝国」を目指す中国の触手はヨーロッパにも伸びています。

ドイツのメルケル元首相は在任中、十二回に及ぶ中国への公式訪問を行い、中国との経済的な関係を強めました。メルケル政権下の二〇一六年にはドイツの最大の貿易相手国は中国となり、二〇一八年四月には中国政府からドイツに巨大なマルク

column1

台湾との絆を深めた幸福実現党の活動

幸福実現党は「自由・民主・信仰」の価値観を尊重する日台両国の関係を強化すべく、活動を展開してまいりました。

2019年10月29日～31日、江夏正敏幹事長をはじめ党役員3人と地方議員有志9人で台湾・台北市の台北市議会やシンクタンク等を訪問し、日台友好関係の深化のために、議員交流や政策意見の交換を行いました。

2021年11月には、政策ポスター（下図）を制作して全国に掲示するとともに、「中国共産党の人権弾圧行為をやめさせ、台湾と沖縄の防衛強化を求める署名」を全国で開始。2022年5月に225,046筆を内閣総理大臣宛てに提出しました。

2021年12月7日には「幸福実現党日台友好議員連盟」（会長 古川一美：茨城県古河市議）を設立しました。日台親善交流を促進し、台湾との国交回復に向けた機運を醸成すべく、台湾の政党、国会議員、地方議員、経済人や文化人との交流、民間交流の団体立ち上げ等を目指しています。

2023年10月23日～26日には、日台友好議員連盟の有志18人が訪台し、立法委員や県議会議員の方々との会談を行い、アジアの平和と繁栄のために日台の国交回復と同盟関係の樹立が必要であることを確認しました。

2023年10月、日台友好議員連盟の台湾訪問

2021年発表の
政策ポスター

ス像が寄贈され賛否両論が巻き起こりました。習近平国家主席はメルケル首相を「中国人民の友人」と呼んだと中国メディアに報じられることもありました。

ヨーロッパの盟主であるドイツを経済的に支配しようという中国の戦略にくさびを打ち込むべく、二〇一八年十月七日、総裁はドイツのベルリンで初めての講演を英語で行いました。

中国の習主席が、第二次世界大戦時のヒットラーのような全体主義的、侵略的な動きを見せていることを語り、次のように述べました。

ドイツが、ロシアと中国のどちらか一つを選ぶとしたら、それによって人類の未来が変わります。（中略）

中国はドイツを支配できればＥＵを支配できます。これが彼らの〝最終戦略〟です。ですから、この点に関して賢明であってください。（中略）**プーチンは神を信じていますが、習近平は神をまったく信じていません。どうか、この事実に注意深**

く耳を傾けてください。

『Love for the Future』

そして、中国と経済的につき合うならば、中国に対して「自由・民主・信仰」の価値観を教えるべきだと訴えたのです。

さらに総裁は、ユダヤ人迫害の歴史という過去の呪縛《じゅばく》からドイツを解き放ち、明るい未来を築いていくよう励ましました。

ドイツの皆様は、ユダヤ人に関して
深い後悔の念をお持ちです。
皆様が多くのことをしてきたのは
存じ上げています。
十分です。もう十分なんです！

『Love for the Future』（幸福の科学出版刊）

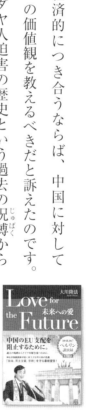

これは神の声です。十分です。
そこから先は、神の手に委ねられています。
迷えるユダヤ人たちのことは
神に任せてください。
それは可能なことなのです。当然です。
そして、もっと明るく輝く未来を
築く道を選んでください。
決して選択を間違えてはなりません。

『Love for the Future』

本講演後、メルケル氏は中国への警戒を強め、二〇一九年九月の訪中の際には、「香港の人々の権利と自由は保障されなければならない」と述べ、中国の人権問題に批判を行っています。

カナダ――大川総裁の講演後に転換された対中姿勢

世界第二位の広大な国土を有し、世界有数の資源大国のカナダもまた、中国包囲網のカギとなる国と言えます。

二〇一五年に首相に就任したジャスティン・トルドー氏は、性的少数者の権利拡大や脱炭素政策に積極的に取り組むなど「リベラル」な傾向が指摘されていました。さらにトルドー政権は中国との関係強化を「最優先課題」と位置づけ、中国との自由貿易協定の締結も目指しました。

カナダが中国に傾斜することは世界にとって望ましいことではありません。大川総裁は、カナダの総選挙期間中の二〇一九年十月六日、トロントで〝The Reason We Are Here〟（私たちがここにいる理由）と題して英語で講演を行いました。

講演では、カナダは「行き過ぎた寛容さ」という意味でのリベラル傾向が強く、大国に追随する傾向があるとして、次のように語りかけました。

責任とは、「世界正義」であり、「地球的真理とは何か」という意味であると思います。（中略）カナダの皆様も世界のリーダーにならなくてはいけません。皆様にはその力が備わっています。あと必要なのは、力強い意見です。

『いま求められる世界正義』

さらに、カナダに侵入してきている中国の全体主義的な傾向に触れ、その間違いを見抜くための指標を示されました。

それを見分けるための本当の指標は、「共産主義か資本主義か」ではありません。そうではなく、次の二点だけを考えてください。一つは「神への何らかの信仰があるかどうか」であり、もう一つは「そこに基本的人権があるかどうか」です。

『いま求められる世界正義』

『いま求められる世界正義』（幸福の科学出版刊）

この講演の翌年に中国が「香港国家安全維持法」を施行した際、カナダは香港との「犯罪人引渡条約」を停止した最初の国となるなど、中国の人権弾圧に率先して対抗する姿勢を示しました。さらに二〇二二年、カナダ政府が発表した「インド太平洋戦略」において、カナダの対中姿勢は大きく転換されました。中国は「破壊的なグローバル・パワー」であると指摘し、人権や安全保障上の問題で対立した場合には中国に「挑戦する」と明記したのです。

全世界的に見て、ウイグル問題にいち早く言及した大川総裁の慧眼《けいがん》

ドイツ、カナダで行われた講演では、中国のウイグル問題にも言及しました。立党当初より、大川総裁は中国の脅威を指摘し、ウイグル問題にも警鐘を鳴らしてきました。二〇一二年には**「チベットやウイグルなどは、以前は独立国としての体《てい》をなしていましたが、今では、国を丸ごと取られ、軍事独裁政権による圧政の下《もと》、**

人々はものすごく苦しんでいます」（『国を守る宗教の力』）と語られました。

日本では公人が公の場で中国批判を行うことは簡単なことではありません。そんななか、自らの危険を顧みず、正義を貫く大川総裁の姿は、中国と戦う活動家たちにとって希望の光となりました。

二〇一八年三月、日本ウイグル連盟のトゥール・ムハメット会長が党本部を訪れ、「約百万人の同胞が収容所に入れられ、拷問で信仰の放棄を迫られている。このままではアッラーの前に立てない」「日本ウイグル議員連盟なども動いてくれない」などと窮状を訴えてこられました。当時はウイグル弾圧が激化して、事実上の強制収容所である「再教育キャンプ」の実態が報道され始めたころでしたが、中国はかたくなにその存在を認めず、各国政府の動きも鈍い状況でした。

そうしたなか、同年十月に行われたドイツの講演で、大川総裁はウイグル人の惨状に触れ、国際社会は「中国封じ込め戦略」を基本路線とせよと述べたのです。

（ウイグルでは）**現在、百万人から二百万人もの人々が再教育キャンプに収容されています。そして、多くの人たちが「手術」という名目で殺されています。医療手術という名目で心臓や腎臓《じんぞう》を取られているのです。これはアウシュビッツ同然であると思います。**

『Love for the Future』

この講演に参加したウイグル人活動家のリーダーは「再教育キャンプに収容されている二百万人のウイグル人について触れてくださったことが印象的でした。世界はこの言葉に耳を傾けるべきです」と感激されていました。

講演の二日後には、中国が「再教育キャンプ」を合法化する法律を制定しました。条例によって正当化を主張し、国際社会の批判をかわすことを狙《ねら》ったわけですが、結果としてその存在を認めたことになってしまったわけです。

ドイツ講演からの帰国後まもなくの十月十七日には、ドイツ講演の内容に「反論」したいと習近平国家主席守護霊が大川総裁のもとに現れました。習氏の守護霊は、ウイグル人の臓器を取り出して売っていることを認め、何が問題なのかと開き直りました（『習近平守護霊　ウイグル弾圧を語る』所収）。

大川総裁は二〇一九年のカナダ・トロントでもウイグル問題に触れると共に、帰国後、講演会に参加していたカナダ在住の民主活動家たちの質問に回答し、中国の一帯一路戦略を必ず破綻《はたん》させるという神の意志を示されました。

二〇二一年一月には、米トランプ政権が、中国によるウイグル人への虐殺は「ジェノサイド（大量虐殺）」だと認定し、多くの西洋諸国も同様に非難しました。しかしながら日本は中国を名指しすることを避け、「人権弾圧」を「人権状況」と変えた曖昧《あいまい》な「人権決議」を国会で採択するにとどまりました。

幸福実現党はこれからも、信仰者を弾圧し人間の尊厳を踏み躙《にじ》る中国の暴挙に対して断固声をあげ続けます。

column 2

中国の人権弾圧に抗議の声を

幸福実現党は、中国共産党の人権弾圧行為について声をあげてきました。

2016年5月には天安門事件の生き証人である方政氏と、2017年8月にはアメリカ・ワシントンにて「盲目の人権活動家」として知られる陳光誠氏と、釈量子党首がそれぞれ対談し、天安門事件や一人っ子政策をはじめとする中国の実態について伝えてきました。

ウイグル人の人権弾圧についても実態を明らかにし、人権を守るべく精力的に活動を続けてきました。

2018年10月にはスイス・ジュネーブで行われた国連の人権理事会の事前セッションに釈党首が参加し、世界ウイグル会議のドルクン・エイサ総裁との対談を行いました。2013年12月には同団体のラビア・カーディル総裁（当時）と、2022年2月にはウイグル連盟トゥール・ムハメット代表との対談を行うなど、ウイグル人人権活動家との交流を活発に行ってきました。

さらに、中国の人権弾圧を抑止するべく「中国政府による人権弾圧行為を『ジェノサイド』と認定する」「人権弾圧を行う国家に経済制裁を実施」「中国が人権弾圧を行っている地域からの輸入の禁止を検討」といった政策を打ち出しています。

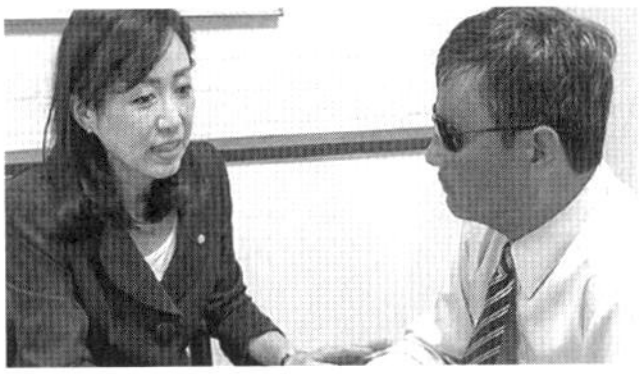

2017年8月、アメリカ・ワシントンで中国人の人権活動家である陳光誠氏と対談

2018年10月、スイス・ジュネーブで世界ウイグル会議総裁のドルクン・エイサ氏と対談

4. 中国によるイスラム諸国の取り込みを阻止するために

イスラム諸国にも忍び寄る〝中国の魔の手〟を喝破する

今の世界を見渡した時、次なる世界大戦の発火点となりうるのは中東のイスラム諸国です。エネルギー資源が豊富なこの地域に、中国は着実に足場を築いています。

先述したウイグル問題について、日本と同じく反応が鈍かったのはイスラム諸国です。ウイグル人は敬虔《けいけん》なイスラム教徒が多く、「再教育キャンプ」がイスラム思想を改めさせることを大きな目的と主張しているにもかかわらずです。それどころか、サウジアラビアのようにウイグル問題において中国を擁護する国もあります。トルコも当初は中国を非難しましたが、今では矛を収め、亡命ウイグル人の強制送還まで進めています。

イスラム諸国が同胞を救済するより中国への配慮を選ぶ理由は、良好な経済関係を維持したいからです。産油国の多いイスラム諸国にとって、原油を購入してくれる中国は「大のお得意様」なのです。

また、中東のイスラム諸国はインフラ整備も不十分です。欧米などの融資プロジェクトは人権や環境への配慮に〝口うるさい〟のに対し、中国はそういうことは言わず大盤振る舞いしてくれるわけです。こんなありがたい話はありません。

大川総裁は、同胞であるはずのイスラム諸国がチャイナマネーに取り込まれ、お金に魂を売っている状況を嘆き、二〇二一年の講演会で次のように述べました。

パキスタンだって、インドと敵対しているけれど、イスラム教なら、なぜイスラム教の多いウイグルで、あれだけ強制収容所で苦しんでる人たちがいるのに助けようとしないんだ。他のイスラム教の国はどうなんだ！

二〇二一年十二月十四日法話「地球を包む愛」

しかしながら、中東のイスラム教国における中国の影響力は確実に強まっています。中東の盟主とも言われたサウジアラビアは、バイデン政権の外交の失敗によって同盟関係にあるアメリカとの関係が冷え込みました。ここに中国が急接近しています。インフラのみならず、同国のデジタル監視体制も中国が構築し、今やサウジアラビアの貿易は輸出・輸入ともに中国が一位となっています。

さらに中国は、金融面でも中東を取り込もうとしています。アメリカは長年、ドルの信用の裏付けとして「石油」を使ってきましたが、中国は石油や天然ガスの取引を人民元で行おうとしています。仮に実現すれば、アメリカの覇権を大きく揺るがす事態になりかねません。

イスラム諸国を中国から救うために必要なこと

このようにイスラム教国が中国との結びつきを強める理由は、「チャイナマネー」

や「反米感情」だけではありません。大川総裁は二〇〇一年から、現在のイスラム教と共産主義の思想は親和性があると指摘しています。

二十一世紀における、このイスラム教の運動は、場合によっては、二十世紀における共産主義運動、社会主義運動に代わるものになるだろうと推定されます。（中略）

この貧しさの平等、要するに、「神と、貧しい人たちだけがいる」という考え方は、一種の、昔の時代に揺り戻す運動でもあるわけです。こういうものに、すり替わってくる可能性が極めて高いと思います。

『宗教文明の激突』

イスラム教では「全智全能《ぜんちぜんのう》のアッラーがいて、アッラーの下にみな平等なのだ」と教えられています。もちろん神への信仰は尊いことですが、この教えを一握りの宗教指導者や為政者が都合よく「利用」すれば、国民の人権を認めず、「神の教えを守るためには自由や民主は失われても当然」ということになりかねません。これはまさに中国と同じような全体主義体制といえます。

大川総裁は「**イスラム教国家も、体制としては、中国的な共産党一党独裁の体制に近いのは近いのです**」（『「メシアの法」講義』）とも指摘しています。

また、イスラム教国の多くは石油資源に頼る経済構造になっています。資源供給だけで豊かになれる時代はいずれ行き詰まりを迎えますが、石油以外の産業が育たないことも、イスラム教の教えに一因があるといえます。

イスラム教の教えのなかには、「すべてはアッラーの御心《みこころ》の下《もと》に行われている」と考え、自助努力を放棄している側面があります。この部分については、新しい思想、すなわち自助努力の思想を導入する必要があるでしょう。

「自分たちが貧しいことを神のせいにするのではなく、もう少し、勉強するなり、

努力するなり、工夫するなりしたらどうか」ということです。

『救世の法』

このように自ら富を生み出せず、経済的自立ができていないために、イスラム諸国はチャイナマネーに頼ろうとするわけです。しかし、他国を呑《の》み込もうとする中国の本音を見る限り、それは「亡国への道」です。

ゆえに、イスラム諸国は民主化、西洋化を図り、中国と距離を置くべきです。そのためには時代に合わない細かい戒律を見直すと共に、人間は神に愛された「神仏の子」であり、努力によって神に近づいていくことができるという「自助努力の精神」「縁起の理法」を説く幸福の科学の教えを学ぶことが必要です。

今こそ、一人ひとりが仕事をつくって、国の発展していく道を選び取ってください。（中略）

本当の神は、みなさんがたの自力によって、豊かさを導く道を説いています！

二〇二一年十二月十四日法話「地球を包む愛」

唯物論《ゆいぶつろん》・無神論国家である中国の覇権が中東にも及ぶことは、世界にとっても闇《やみ》が広がることになります。宗教の違いで争う中東地域を導く日本の役割について、大川総裁は次のように述べています。

「慈悲」とは、自分と同じものを他の者のなかに見つける「愛の心」です。他の人々のなかにも、神の子としてのダイヤモンドが光っていること、また、仏の子として、努力による「悟りの道」が用意されていることを、信じることなのです。

これが説けるのは、西洋と東洋を融合することのできる、この日本の地においてのみだと、私は考えています。

『地球を救う正義とは何か』

イスラム教圏とキリスト教圏の双方から中立な立ち位置にいる日本は、イスラム諸国を中国の魔の手から救うために、経済的な導きを与えるのみならず、宗教改革を手助けする使命があるのです。

5.「信仰のある国家」対「無神論国家」という対立軸が平和をもたらす

地球の危機的状況を打開する大川総裁の「国家の対立軸への見方」と提言

これまで述べてきた通り、中国は「世界帝国」への野心をむき出しにして、世界各国に混乱を生じさせています。第二次世界大戦後の世界秩序は「国連」を中心につくられてきましたが、中国の横暴をまったく止めることができません。国連は正しくは第二次大戦時の「枢軸国」に対する「連合国」であり、戦勝国に都合のよい戦後体制に過ぎず、すでに限界がきているのです。

これに対してアメリカのバイデン政権は「民主主義国家」対「専制国家」という図式をつくり、中国とロシアに相対しようとしていますが、これは冷戦時代に逆戻りする考え方と言わざるを得ません。しかも現状は冷戦時代より深刻です。中国は軍事力、経済力を著しく伸ばし、ロシアも大量の核を保有しています。強大な軍事力を持つ中露を同時に敵に回すことは愚策と言えます。

さらに、ロシアを敵視し、執拗《しつよう》に攻撃し続けるアメリカの姿勢は、国際社会の賛同を得ているとは言えません。アフリカやアジアの人たちは、欧米列強に植民地化された苦い歴史を持っているため、ロシアが兄弟国であるウクライナのロシア系住民を助けると言っているだけで、そこまで制裁を加えるのかと呆《あき》れているのです。

実際、ロシア制裁を行っているのは、欧米諸国と一部の国だけであり、バイデン大統領の戦略なき外交は、まさに世界を二分しています。

大川総裁は二〇二三年一月の段階で、次のように現在の世界情勢を断じました。

ロシアのほうは今、中国や北朝鮮やイラン等ともつながってきて、対立軸ができつつあります。「冷戦構造」だったものがもう一回出来上がってきているので、「世界大戦の構造」ができつつあるのです。これは最悪です。

『真実を貫く』

こうした状況を打開するにはどうしたらよいか。大川総裁は二〇二二年一月に次のように提言されています。

政治のシステムというか、体制の違いだけで善悪を決めるのには、やはりちょっと無理があります。それぞれ、人間が運営しているものがあるので、もう一段高いものがないといけないのです。（中略）

だから、バイデンさん的に、「民主主義国家」対「専制国家」と言うだけでは十分ではないと私は思っているのです。やはり、「神仏への信仰心を持っている国家」対「無神論・唯物論《ゆいぶつろん》国家」という、この対立であれば、勝てる可能性はあるのです。「完全な無神論・唯物論の国家」というのは数はまだ少なく、そんなにないのです。はっきり言えば、中国と北朝鮮ぐらいしかないのです。あとは、ある程度、みんな信仰心を持っているので、そちらのほうにもうちょっと追い込んでいく必要はあるのではないかと思っています。

『「メシアの法」講義』

「神仏への信仰心を持っている国家」対「無神論・唯物論国家」という対立構造で世界を見るという考えは大川総裁以外、誰《だれ》も提言していないものでしょう。この対立軸なら信仰心あるロシアと唯物論の中国を分断でき、中国包囲網を築くことができます。これは、地球平和の実現を目指すものであると同時に、安全保障の観点からも極めてリアリスティックな戦略と言えます。

さらに日本にとっても、「正義ある平和」を維持するための外交の指針となります。ウクライナ支援に熱心な自民党政権は、中国、ロシア、北朝鮮と同時に向き合う三正面作戦の想定ができていません。日米の軍事力で、核を持つ三カ国に対応するのは不可能であり、中国とロシアを分断し、信仰を持つロシアと関係を強化する以外に日本がとるべき外交政策はないのです。

バイデン外交の失敗が表面化するにつれ、大川総裁のこの提言がいかに優れたものであるかを国際社会は実感するのではないでしょうか。

新しい世界秩序のカギを握るインドとその外交への指針

「信仰のある国家」対「無神論国家」の対立軸は、今後、新たな世界秩序となるでしょう。これを実現していく上でカギとなる国は、まずインドです。二〇二三年には人口が中国を抜き、世界一となりました。しかも平均年齢は中国より十歳も低く、次の大国として頭角を現してくることは間違いありません。

加えてインドは民主主義国家であり、ヒンドゥー教を中心に多様な宗教が共存する宗教大国でもあります。

またインドは、長らくどの国とも中立の立場を守る「非同盟主義」を取り、その時々で協力する国を選ぶという外交姿勢をとってきました。

安全保障面では、インドはロシアとの関係を断ち切ることはできません。インドを包囲しようとする中国の「真珠の首飾り」戦略に抵抗するためには、中国ににらみをきかせることのできる国との協力関係が必要だからです。実際、インド軍の武器の七割がロシア製です。

近年は日米豪印による「クアッド」（四カ国戦略対話）など、対中国を意識してアメリカとの関係も強化しつつありましたが、インドはアメリカを完全には信頼していません。長らく敵対関係にある隣国のイスラム国家・パキスタンを支援してきたのが、中国とアメリカだからです。

ロシア―ウクライナ戦争が起きてからは、インドはアメリカよりむしろロシアとの関係を強めています。例えば欧米諸国がロシア制裁を続けるなか、ロシア産原油の輸入量が十倍となりました。そのロシアは中国との結びつきも強めています。インドがアメリカよりロシアを重視し、「反米」で中露印が結びつけば、もはやNATO諸国が力を合わせても勝ち目はありません。

そのためにも「信仰のある国家」対「無神論国家」の対立軸で、信仰心を持つロシアとインドを西側に引き入れることが重要なのです。さらにこの構想なら、宗教融和を訴えることで、インドとパキスタンの争いも乗り越えていくことができるはずです。

その意味で、インドの選択は非常に重要です。大川総裁は二〇一一年にインドのブッダガヤに巡錫《じゅんしゃく》し、四万人を超える参加者を前に次のように獅子吼《ししく》されました。

次の時代、2050年以降に、あなたがたインドの人びとは世界の主力となり、

主力エンジンとなるであろう。世界中の人びとを導く存在となるであろう。そのことに自信を持ってほしい。私が来たのは、それを伝えるためである。

あなたがたは希望に溢《あふ》れた人びとであり、この国には夢が溢れている。あなたがたには、多くの夢がある。数多くの夢が、この国には眠っている。

10年、20年を待つうちに、あなたがたは見違えるような素晴らしき新世界を目にすることとなるであろう。それが、あなたがたの姿、世界の勝者としての、指導者としての姿である。

あなたがたは、産業社会としての発展を重ねつつ世界の霊的リーダーとならねばならない。豊かな社会を築き上げ、それと同時に霊性を備え、その霊性の輝きをもって、全世界を照らすべきである。インドから全世界へ、光を投げかけることを私は願うものである。


『The Real Buddha and New Hope　真なる仏陀と新たな希望』

インドが正しい選択をなし、宗教を信じる大国として世界のリーダーになっていけるかどうかが世界の趨勢《すうせい》を決めるのです。

世界大戦を防ぐためにロシアとどう関わるか

このように「信仰のある国家」対「無神論国家」の構図を完成させるには、インドと共にロシアを西側に引き入れることが重要といえますが、ロシアを西側の仲間に入れることへの抵抗は根強いものがあります。

アメリカにとっては、冷戦が終わって旧ソ連が崩壊しても、その継承国であるロシアは仮想敵であり続けました。日本にとっても、日ソ中立条約の破棄やシベリア抑留、また北方領土問題などでよい印象がありません。

しかし、ソ連とロシアには明確な違いがあります。それが信仰心です。共産主義で無神論国家のソ連や中国と、現在のロシアを同一視すべきではありません。

日本を含む欧米諸国のメディアは、ロシアのクリミア併合やウクライナへの〝侵攻〟を非難し、ロシアは侵略国家だとでもいうような報道を行っていますが、これは欧米側からの一方的な見方でありフェアとは言えません。

ロシアがウクライナに〝介入〟しているのは、同胞たちを救うためであり、自国を守るためです。ウクライナはロシアと西側の「緩衝《かんしょう》地帯」であると共に、首都キエフ（キーウ）はロシア正教の聖地であり、精神的なよりどころです。冷戦後、役割を終えたはずの軍事同盟であるNATOがどんどんロシア側に広がり、ロシアにとって大切なこの地まで手を伸ばそうとした結果、ロシアにとってのレッドラインを越えてしまったのです。

万が一、ウクライナがNATOに加盟したら、ロシアの首都モスクワまで四百五十キロほどのウクライナ国境にアメリカ製ミサイルが並ぶことになります。日本で言えば、東京を狙《ねら》う中国のミサイルが京都や奈良に配備されるようなものだと考えれば、ロシアの危機感が理解できるはずです。

大川総裁は、二〇一四年にウクライナから分離・独立したクリミアがロシアに併合されたことに理解を示し、ロシアにとってのウクライナの重要性を次のように解説していました。

ウクライナはロシアにとって、軍事的にも、食糧庫としても、重要な地域である。ナポレオン軍にもヒットラー軍にもロシア（旧ソ連）が負けなかったのは、ウクライナがあったからである。ここが完全にEU圏になり、アメリカ製のミサイルがモスクワに向けて並べられることは、プーチン大統領にとって絶対阻止したいことだろう。かつてアメリカのケネディ大統領が（旧）ソ連のキューバミサイル基地を絶対に許

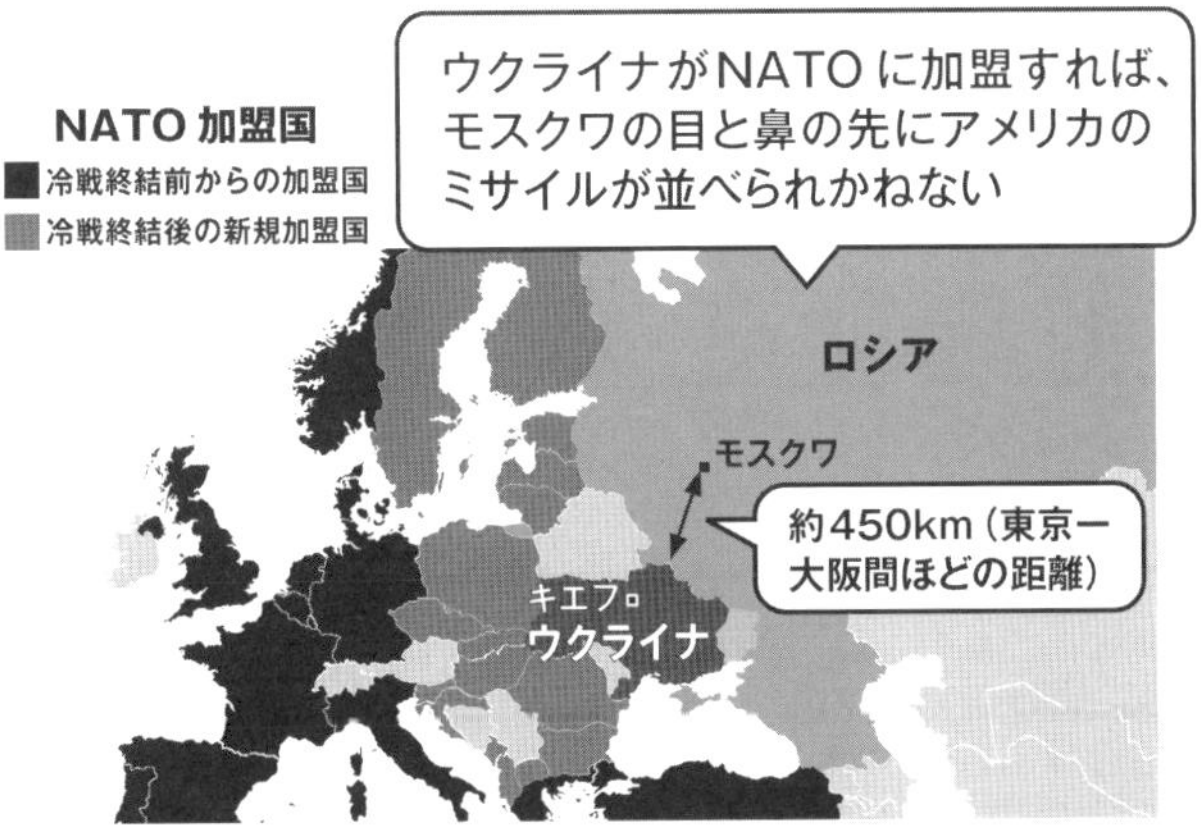

さなかったのと同じである。

ロシアが軍事作戦を行うのはあくまでも自国の安全保障が目的です。一方、チベットやウイグルなど、もとは別の国を「自治区」と称して支配し、香港の自由を奪い、歴史的に一度も中国の領土ではなかった台湾を「祖国」と強弁して呑《の》み込もうとする中国の方が明らかに侵略的であり、世界にとって脅威です。

西側諸国の多くは、現在のロシアを旧ソ連と同じような共産主義に基づく独裁国家であると考えている節があります。しかし、プーチン大統領は信仰心の篤い人物であり、ソ連時代に弾圧されてきたロシア正教を庇護《ひご》し、教会を急増させ、信仰国家としてのロシアを復活させました。

また、プーチン大統領はアメリカとの敵対を望んでいるわけではありません。二〇二四年二月に行われた元ＦＯＸニュース看板キャスター、タッカー・カールソン氏とのインタビューにおいては、プーチン氏がかつて、ビル・クリントン大統領にＮＡＴＯ加盟の可能性を打診したエピソードも明かしています。プーチン氏はロシアと西側諸国の平和的な共生の道を探っていたのです。

トランプ前大統領はそうしたプーチン大統領の本心を理解し、ロシアを味方に付けようとしていました。しかし、バイデン政権になって西側から袖《そで》にされたロシアは、自国の生き残りのために「敵の敵は味方」の考え方によって、やむを得ず中国に近づいているのです。

こうした状況を踏まえ、幸福実現党はロシア―ウクライナ戦争開始直後から、「ウクライナは中立化し、ロシアと良い関係を築くべき」「日本は停戦の仲介をすべき」として、日本はアメリカ追随の姿勢を改めるべきだと訴えてきました。

現時点でウクライナの敗色は濃厚となっており、欧米諸国も手を引き始めていますが、日本は未だにウクライナの支援を止めず、巨額の税金を投じ続けています。

二〇二四年二月にはウクライナの復興について話し合う「日・ウクライナ経済復興

推進会議」が開催されました。

これ以上の戦争継続を応援することは、日本の国益に反するばかりか、ウクライナ国民の幸福にもつながりません。日米は今からでも過ちを正し、「信仰ある国家」の仲間としてロシアとの結びつきを強めるべきです。

「信仰のある国家」同士の戦いを終わらせるために

そして、新たな世界秩序を作り上げていくためには、「信仰のある国家」同士の争いを克服していかなければなりません。信仰のある国家が宗教の違いを乗り越えて団結しなければ、唯物論国家である中国や北朝鮮を包囲できないからです。

ではなぜ、こうした宗教同士の争いは止《や》まないのでしょうか。大川総裁は次のように述べています。

世界は幾つかの国に分かれ、宗教の違いによる戦争も起きています。それが、宗

教を嫌う理由に使われることも数多くあります。例えば、キリスト教とイスラム教の対立や戦争を見ると、「宗教があるから、こういう戦争が起きるのだ」ということを、宗教嫌いの人は、すぐに言いたがります。

しかし、私は、「そういう対立は、宗教によって起きているのではなく、宗教の本来の姿や意味が理解されていないがために、すなわち、人間の認識力の狭さゆえに起きているのだ。また、宗教について、人間が自分たち中心の理解をしているために、そうした違いが生じているのだ」と述べたいのです。

『不滅の法』

『不滅の法』(幸福の科学出版刊)

地球の神は、人類すべてを愛しています。ですから、交通の便が発達していない時代には、それぞれの地域に合ったかたちで神の言葉を預かる預言者を降ろし、人類を導いてきました。それが、多種多様な宗教が地球上に存在する理由です。しかし、それらの宗教には共通する部分があります。

いろいろなかたちの文明があったでしょう。いろいろなかたちの宗教があったでしょう。その違いばかりを強調するのは、間違いを含んだ考えです。

その違いを考えるよりも、その中に流れている「一本の黄金の道」を、どうか見抜いていただきたいのです。そして、地球レベルで人々を導こうとしているものの存在を、その教えを、感じ取っていただきたいのです。

『不滅の法』

このように「一本の黄金の道」を軽んじて違いを強調し「自分たちの宗教だけが正しい」「他は悪魔の教えである」という考えが、宗教戦争を引き起こしているのです。

二〇二三年十月から始まったイスラエル―ハマス戦争の背景にも、中東で長らく続いているイスラム教とユダヤ教の対立があります。

イスラム教の聖典である『コーラン』には、「信者でない者、信者を迫害している者、信者と戦う者は、皆殺しにせよ」ということが書かれています。もちろん、イスラム教は隣人愛や平和も説いていますが、「敵は殺しても構わない」という思想が、過激なテロ組織を生んでいるのです。

一方、ユダヤ人が建国したイスラエルも、国を守るためとはいえ、やや過激な報復攻撃を行っています。それは『旧約聖書』に、神が現在のイスラエルがある「カナンの地」を与えると約束されたと書いてあるため、戦争によってイスラム教徒のアラブ人たちを殺すことは神が許容されていると考えているからです。さらに、「主よ、敵を滅ぼしてください」「敵の子供を皆殺しにしてください」といった争いを肯定する言葉も書かれているため、戦争が終わらないのです。

大川総裁はこのような状況を嘆かれ、イスラムに対しては先述したように、全体主義的な体制を改め、暴力肯定的な考えを改めるようにと述べています。

また、イスラエルに対しては、「後から入ってきて国を建てさせてもらったのだから、もう少しおとなしく、行儀よくやるべきではないか」という趣旨のことを語られています。

そして、何より大切なことは、ユダヤ教、キリスト教、イスラム教の神は同じであるということです。しかし、『旧約聖書』には「ヤハウェ」と「エローヒム」という複数の神の名が出てきて、両者は「同じ神の二つの側面」として捉《とら》えられています。

しかし「ヤハウェ」と「エローヒム」は別の神なのです。「ヤハウェ」は「敵を皆殺しにせよ」と教えるような祟《たた》り神であり、排他的で狭い心の民族神です。一方、「エローヒム」は普遍的な愛の教えを説く愛の神であり、キリスト教の「天なる父」、イスラム教の「アッラー」と同じ存在です。大川総裁は霊的な調査も踏まえてその真実を明らかにしています。

このように、民族神と愛の神の教えを混同し、両者を同じ神と誤解した流れがキリスト教やイスラム教にも入り込んでいることが、中東の混乱や宗教間の争いの一因と言えます。

ユダヤ教、キリスト教、イスラム教をはじめとする世界宗教を指導している神は一人であり、その神の名をエル・カンターレと呼んでいます。

大川総裁は世界宗教の本質について、次のように英語で語っています。

どうか、宗教の相違や欠点、短所を見ないでください。どうか、誠の心で、宗教の本質に目を向けてください。宗教の本質とは「平和」と「愛」です。それが、この地球を覆っている世界宗教の本質です。ここがメイン・ポイントです。

『The Age of Mercy 慈悲の時代』

このように、三つの兄弟宗教が信じている神が、民族や人種を超えた普遍的な愛の神であることを知らなくては、中東の混乱をはじめ、世界各地での宗教戦争は終わらないのです。

さらに愛の神であるエル・カンターレは、中国では「天帝」、日本では「天御祖《あめのみおや》神《がみ》」として教えを説かれました。

愛の神は地球すべての人を愛され、幸福になってほしいと願われています。決して「宗教を信じない国」を見捨てておられるわけではありません。中国や北朝鮮の悪しき指導者の下で苦しんでいる人たちを幸福に導くためにも、宗教国家が団結し、唯物論国家の体制を崩壊させていく必要があるのです。

このような世界宗教の真実を伝えると共に、神の願いに基づく外交・安全保障を具体化し、世界の人々を幸福に導いていくことが、宗教政党である幸福実現党の使命なのです。

第4章

幸福実現党が描く日本の設計図

本章では、大川隆法党総裁の先見性に満ちた主張に触れながら、幸福実現党が掲げている主な政策を紹介します。

党総裁が具体的に提言された政策もありますが、具体的な方法論については「人間の本質は魂であり、転生輪廻《てんしょうりんね》を通じて魂修行をしている存在」「自由・民主・信仰の価値観に基づく政治」「信仰ある国で中国を包囲する」といった大川総裁の説く霊的人生観や政治思想をベースに党内の議論によって組み立てています。

幸福実現党の政策は日本をまるごと理想国家にすることを目指すものです。他党と似たような政策を訴えているように見えても、その根本にある哲学・思想はまったく違います。本気で日本の平和と繁栄を願い、少なくとも二十年、三十年先の未来を見据えた上で必要な政策を打ち出しています。

その点、唯一無二の政党であり、現在の政治、既成政党に失望している人たちの受け皿になりえるものと思います。

1. 国防強化――自分の国は自分で守る

憲法改正と防衛軍で「正義ある平和」を目指す

幸福実現党が十五年間一貫して訴えてきた政策の代表格が、国防強化策です。具体的には、「憲法第九条の改正」「防衛軍の組織」「防衛費の倍増と防衛力強化」をはじめ、「自分の国は自分で守る」ための方法を提言してきました。

こうした政策に対し、「宗教は殺人を戒め、平和を説くものだ。宗教政党なのに戦争をしようとしているのか」などと訝《いぶか》しがられることもありました。もちろん私たちは戦争を望んでいるわけではありません。ただ、悪意を持った他国から攻撃を受けた場合、国民の生命・安全・財産を守ることは一番大切な政治の役割です。

大川総裁は二〇〇七年時点で、「釈迦《しゃか》の教えに『殺すなかれ』があったので国が滅びてしまった。このままでは日本も同じことが起きるので教えを変えます」と現《げん》成《じょう》の仏陀として語られています。

戦乱の世で、自分の魂の課題に向き合う「魂修行」をすることは難しく、他国に占領されることになったら私たちの自由は奪われます。また、主権国家が持つべき当然の戦力を保持して抑止力を高め、悪意ある他国に侵略を思いとどまらせることは、善悪を説く宗教として必要であると考えます。

このように国を守る努力を避け、他国の侵略や略奪から目を背けることを「平和」と呼ぶのならば、それは私たちの目指す平和ではありません。

私は「正義のある平和」を説かねばならないと考えています。「悪に屈服する平和」「悪に懐柔される平和」「悪と融和する平和」、こういうものは「奴隷の平和」であると私は思うのです。

『釈迦の本心――政治編』

私たち幸福実現党は「正義のある平和」を守るため、具体的な国防策を提言し続けてきたのです。

日本の防衛の手足を縛る憲法九条の改正については、大川総裁は一九九七年の段階で、自衛隊を「戦力」として位置づけた「新・憲法第九条」を世に問われました（「月刊　幸福の科学」一九九七年六月号掲載）。

そして立党時に書き下ろされた「新・日本国憲法試案」では、〔第五条〕**国民の生命・安全・財産を護るため、陸軍・海軍・空軍よりなる防衛軍を組織する。**と明記されました。

とはいえ、憲法改正や新憲法の成立には時間が必要です。そこで有事に即応すべく二〇一〇年秋に打ち出されたのが「憲法九条適用除外」の考え方です。

日本国憲法の前文によると、現憲法は、「平和を愛する諸国民に取り囲まれている」という前提の下《もと》に成り立っており、第九条には、「国際紛争を解決する手段と

しての戦争の放棄」「戦力不保持」ということが書かれています。
したがって、私は、「そうした平和を愛する諸国民ではない」と、明らかに断定できるもの、はっきり言えば、北朝鮮のような、国民を弾圧し、核ミサイルを開発し、あるいは、「撃ち込むぞ」と威嚇《いかく》してくる国に対しては、やはり、「憲法九条の適用は外してもよい」という判断をすべきではないかと考えます。

『この国を守り抜け』

これを政府見解として出すことで、主権国家として国際法上認められる自衛権を確立すべきという目からうろこの提言でした。

しかし、これはあくまでも緊急避難的な施策であり、本来はいち早く憲法九条を改正し、自衛隊を軍隊として認めるか、「防衛軍」を組織すべきです。

こうした主張について、十五年前は過激だと受け止められることもありました。すでに述べたように、立党時には、政府は北朝鮮のミサイルを「飛翔体《ひしょうたい》」と呼び、日本国内にも「まさか日本を狙《ねら》ってミサイルを撃たないだろう」という空気が漂っていました。しかし、中国や北朝鮮の軍事的脅威が誰《だれ》の目にも明らかになるにつれ、幸福実現党の主張の確かさが認められるようになってきたのです。

十五年前は「国防政策は選挙で不利」という風潮でしたが、今や与野党とも国防強化策を掲げています。また、「憲法九条を守っていれば平和が来る」という考えも根強くありましたが、二〇二三年五月にＮＨＫが行った世論調査によれば、憲法九条改正に賛成する人が32％で反対の30％を上回りました。

こうした世論の変化を受けて、自民党は幸福実現党の国防政策を後追いするかたちで一部実現していますが、いずれも「時すでに遅し」の感があります。

例えば、防衛費についてです。二〇二二年末、岸田内閣のもと、五年間総額で四十三兆円という防衛費の増額が決まりましたが、中国の脅威が高まった今、それではとても足りず、またスピード感もありません。

また、憲法九条改正をめぐっては、二〇一七年に安倍晋三元首相が「憲法九条一項・二項を維持しつつ、自衛隊の存在を明記する」という「加憲案」を示して以来、自民党はこの案を掲げ続けています。しかし、幸福実現党はこれには異を唱えています。なぜなら、戦力不保持と交戦権の否認を定めた現行憲法九条一項・二項を維持したまま自衛隊の存在を明記しても、「自衛隊は戦力ではなく、軍隊として戦えない」という問題点は変わらないからです。むしろ「自衛隊は軍隊ではない」ことが明文化され、防衛の足かせになりかねません。

「核なき世界」ではなく「核を落とさせない世界」をつくれ

憲法九条の改正は国防強化の大前提と言えますが、中国、北朝鮮の核から国を守るためには現実的な対応が必要です。幸福実現党は二〇〇九年の衆院選公約から「核レンタルの検討」をはじめ核抑止力の強化を訴えてきました。その後、二〇一六年一月の北朝鮮による水爆実験など安全保障環境の悪化を受け、同年二月、大川総裁が提言したのが「核装備の検討」です。

今、私は、「これ（核兵器）を、正当防衛の範囲内で準備しないと、もう間に合わないところに来ている」と考えています。（中略）

核装備をし、正当防衛的に国を護れるような準備をしないと、場合によっては千万人単位で人が殺される可能性がありますし、そういう脅迫に屈し、戦わずして植民地になる危険性もあるのです。（中略）

核兵器の最大の効能は、「他の核兵器保有国に核兵器を使わせない」ということです。これが最大の効能なのです。

『世界を導く日本の正義』

唯一の被爆国であることから、日本では核論議がタブー視され続けています。「核のない世界」は目指すべきですが、その前に広島、長崎の悲劇を二度と繰り返さないためにも「核

『世界を導く日本の正義』（幸福の科学出版刊）

を使わせない」「核を落とされない」ことを実現すべきではないでしょうか。もし「核のない世界」を主張するなら、まずは独裁国家である中国・北朝鮮の核を取り除くべきです。

「非核三原則」を撤廃し、まずはアメリカ軍による核の持ち込みを進めるべきですが、アメリカ本土まで届く中国、北朝鮮のミサイルが開発されているいま、アメリカが日本を守るために核を使う保証はありません。ですから、独自の核装備をはじめ、その他の戦力も強化すべきです。さらに危機が切迫した現在では、サイバー戦や宇宙戦への対応、国防のための技術向上も急がなくてはなりません。

2. 外交――敵を減らして味方を増やす

日米同盟を基軸にしつつ主権国家としての外交戦略を持つ

「戦争は外交の失敗の延長上にある」と言われます。「正義ある平和」を守るには国防強化と共に戦略的な外交を展開していく必要があります。

外交の基本方針は「自由・民主・信仰」の価値観を共有できる国家と協力関係を築いて日本の平和と繁栄を守り、地球平和にも寄与することです。

敵を減らして味方を増やすのが、外交の基本的な方針です。（中略）**将来の日本の経済が繁栄できるように、あらゆるかたちで外交ルートを開拓し、付き合いのできる国を増やしておくことが大事です。**

したがって、アメリカともロシアともオーストラリアとも友好関係を結ばなければ

ばいけません。また、インドをはじめ、アジアの国々とも友好関係を結ぶ必要があります。

その他、日本とは敵対関係のない、イスラム教国との友好関係も重要です。

『幸福実現党宣言』

大川総裁は二〇〇九年の立党時にこのように述べていましたが、そのなかでも基軸と位置付けてきたのが日米同盟です。第3章でも述べましたが、アメリカは日本と価値観を同じくし、今のところ軍事的にも経済的にも世界最強国です。これが揺らぐことがあっては日本の安全を守ることは到底できないのです。

しかし、これはアメリカ依存や、アメリカ追従一辺倒ということではありません。大川総裁は、安全保障をアメリカに依存し、経済活動を優先させてきた国家戦略の元凶である、いわゆる「吉田ドクトリン」を見直し、主権国家として当然の国防体制を構築するよう、一貫して強調しています。

現状では、日本が中国に攻撃された時に本当にアメリカが守ってくれるかは保証の限りではありません。それどころか、米中対立が激化し、戦争になった場合、日本で代理戦争が展開されることも充分に考えられます。大川総裁は、バイデン氏が大統領候補の段階で、「**米中戦争は起きてもいいけど、戦場は日本で止めたい**」というバイデン氏の本音を明らかにしています（『米大統領選　バイデン候補とトランプ候補の守護霊インタビュー』）。

このように、アメリカが常に日本の味方であるとは限りません。時の大統領の外交戦略にも左右されますし、最終的には自国の国益を優先するからです。ゆえに日本としては、アメリカ以外にも味方を増やしていかなくてはなりません。

バイデン政権下で勃発《ぼっぱつ》したロシア―ウクライナ戦争に関して、日本政府がロシアを攻撃するアメリカに追随したことは、致命的な外交上の失策です。経済制裁やウクライナへの軍事支援は明らかにロシアへの敵対行為であり、この結果、日本は中国、ロシア、北朝鮮という核保有国との三正面作戦を迫られています。

大川総裁は日本外交の失敗について「**ロシアを攻撃するアメリカの狂気に便乗する岸田総理は、必ずや『金魚のフン』戦略の責任を問われるだろう**」（『ウクライナ問題を語る世界の7人のリーダー』まえがき）と喝破しています。

中国包囲網を築くために――インドとロシアとの友好関係を深める

繰り返し述べてきたように、今、日本が最も警戒すべきは中国の覇権主義です。また、地球平和の実現にも、ウイグルやチベットなどで苛烈《かれつ》な人権弾圧を続け、他国への侵略行為を続ける中国の封じ込めが最大の課題と言えます。

そのための日本独自の外交戦略としては、ロシアとインドとの友好関係を築くことです。中国の背後にあるロシアと、隣のインドが日本の友好国になれば、中国は簡単には日本に手を出せなくなります。そして、両国との関係強化は、第3章で述べたように「神仏への信仰心を持っている国家」対「無神論・唯物論国家」の構図を創り出すことにも寄与します。

大川総裁は二〇〇八年時点で、インドとの軍事同盟やロシアとの協商関係の締結を提言しています。二〇〇九年八月二十五日に北海道札幌《さっぽろ》市で行われた街頭演説でも、ロシアとの平和条約の締結の重要性を強調されました。

幸福実現党は「ロシアをＧ８に入れるべき」など一貫して日露関係の重要性を訴えてきました。安倍政権下で日露平和条約締結の動きがあった際には、幸福実現党は「領土問題をいったん棚上げしてでも、一刻も早く日露平和条約締結を目指すべき」と提言してきました。北方領土は日本の領土ですが、日本を取り巻く安全保障環境を考えれば、北方領土返還にこだわるより中国封じ込めを優先すべきだという考えからです。しかし、安倍元首相は日露首脳会談を二十七回も重ねたものの北方領土問題の解決にこだわり、平和条約締結には至りませんでした。

残念ながらロシア―ウクライナ戦争を契機に、日露関係は悪化し、中露北に加えてイランもつながっています。しかし、日本が欧米と歩調を合わせて対露経済制裁を続けているにもかかわらず、プーチン大統領は二〇二三年十月に「日本と対話する用意はある」と今後の交渉に可能性を残しました。日本は今からでも外交方針を転換し、ロシア―ウクライナ戦争の停戦を仲介し、ロシアとの関係を強化すべきです。

3. 経済政策――自由と自助努力からの繁栄を

日本経済停滞の原因をつくった二つの経済学

外交・安全保障と並び、経済政策についても幸福実現党は力を入れてきました。バブル崩壊以降、日本経済は長らく低迷し、二〇二三年には日本のGDP（国内総生産）がドイツに抜かれ、世界第四位となりました。ここ三十年以上、先進国において唯一、給料がほとんど上がらず、物価を加味した実質賃金は下がっています。経済の停滞は国民生活を苦境に追い込むのはもちろん、外交上のプレゼンスを低下させ、国力衰退にもつながる重大な問題です。

なぜ、日本経済はここまで元気を失ったのでしょうか。私たち幸福実現党は、経済の根本思想が間違っているからだと考えています。

間違いの一つは、政府がお金を使えば需要が増え、景気が活性化し、給料も増えていくという「ケインズ経済学」の発想です。大川総裁はケインズ経済学について**「緊急避難の経済学」**であり、**「モルヒネなどの麻薬を打ち続けているようなものであり、常時行ったら、当然、国力が弱っていきます」**と警鐘を鳴らしています。震災時などの緊急時には必要ですが、これを繰り返し行えば、民間は政府から与えられる仕事や補助金に頼るようになり、財政赤字が増えていき、付加価値を生まなくなるからです。

二つ目の間違いは、お金持ちや企業に課税して広く「分配」する共産主義の思想です。最近では、鳩山由紀夫政権時代のスローガン「コンクリートから人へ」に象徴されるように、何か問題が起きたら直接国民にお金をバラまく〝経済政策〟が増えてきました。

　例えば、子ども手当の給付や保育料負担軽減策などの子育て支援、教育無償化、物価高対策という名の低所得者層支援、その他、デジタルや脱炭素などの新しい業界への補助金投入などです。そして、このような施策を行うための「財源」を確保すると言って、さまざまなかたちで増税を進めています。

　岸田文雄首相は「成長と分配の好循環」をコンセプトとする「新しい資本主義」を実現すると言っていますが、高所得者や黒字企業への課税を強化し

政府支出と実質賃金の推移

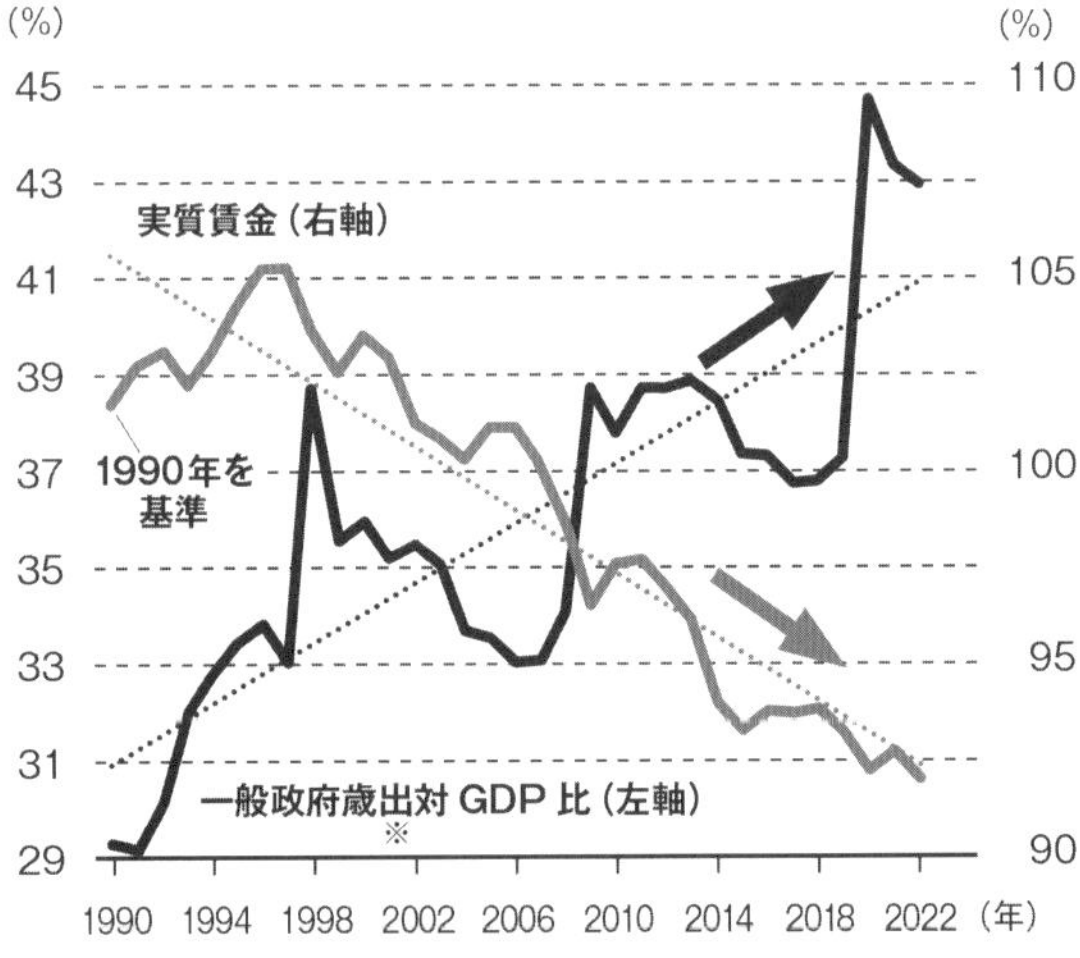

IMF-World Economic Outlook Databases 及び毎月勤労統計より作成
※一般政府歳出…国や地方自治体の歳出を合わせたもの

て「分配」するのは、資本主義ではなく共産主義の発想に過ぎず、「バラマキと増税の悪循環」をつくり出しています。

政府がお金を出して「成長」すればよいのですが、長期的な傾向を見る限り、政府がお金を出しても成長はせず、むしろ賃金は減っています（右グラフ参照）。

つまり、今の日本はケインズとマルクス経済学がセットになったような施策を行っており、この思想の限界が来ていると言えます。

さらに言えば「共産主義」はまだ「勤勉に働く」ことを勧めますが、現在の日本では働かない人にお金をバラまいて怠け心を助長しており、真面目に働く人のやる気を失わせています。

「小さな政府・安い税金」で民間の力を解放させる

これに対して幸福実現党の経済政策は、大川総裁の「新・日本国憲法試案」第十一条にある「**小さな政府、安い税金**」の思想を根底に置き、個人や民間の自由を拡大し、自助努力の精神を発揮していくものです。

勤勉に働いて収入の範囲内で生活して富を蓄え、その富を有効なことに生かして経済を大きくするという「二宮尊徳精神」こそ、日本型資本主義の原点であり、努力する者が報われる「縁起の理法」を実感できるような環境を作ることが政府の仕事だと考えています。

具体策の一つは、政府の役割を減らし、多額の税金が要らなくなるようにしたうえで思い切った減税を行うことです。法人税は10％台に下げ、所得税の累進性を段階的に緩和して将来的には10％台のフラットタックス（収入に関わらず一律の税率）を目指します。相続税や贈与税なども廃止します。消費税については立党時は撤廃を訴えましたが、あまりにも財政赤字が増えた現在では、十分な国防費が確保できないと困るので、まずは5％まで下げることを訴えています。

こうした減税策で、民間が自由に使えるお金を増やし、稼げば稼ぐほど豊かになれる社会を目指します。

最近では「減税」を主張する政党も増えてきましたが、幸福実現党のように「小さな政府」の考え方とあわせて減税を訴えている「本物の減税政党」は見当たりません。「庶民には減税するが、お金持ちや企業からは取る」もしくは「減税する代わりに政府が借金をすればいい」という発想は、将来世代に重税というツケを残すか、財政赤字を拡大させて国家を衰退させるか、いずれにせよ「地獄への道」に通じるものです。

二つ目の施策は規制緩和です。現在では人手不足に悩む企業も増えてきました。「働き方改革」で労働時間に制限がかかり、稼ぎたい個人も企業も困っています。従業員に過度な残業を強いる「ブラック企業」などが問題視されますが、むしろ労働規制を緩和し、雇用の流動化を目指すべきです。その他、古くなった規制を定期的に見直す仕組みも必要となります。

そして、競争環境を歪《ゆが》め、増税につながる補助金や給付金は原則廃止します。

こうした政策に対し「政府は何もしないのか」という人もいますが、そんなことはありません。フェアな競争環境を整えるためにすべきことは山積みです。

例えば、福島第一原発から処理水を放出した際、中国が嫌がらせのように日本の海産物を輸入禁止にしました。そのような時に政府は安全性をＰＲし、新たな販路を開拓できるように後押しする仕事があります。また、日本の優れた技術や技術者が海外に流出することを防ぐため、産業スパイなどの取り締まりを強化したり、安全保障上の懸念により中国から日本国内に工場を回帰させようとする企業を後押ししたりといったことがあります。

大川総裁は政府の権限を大きくする方向を戒め、国民各自の発展・繁栄を目指すべきだとして次のように述べます。

政府の機能は、やはり、できるだけ最小限に抑えて、個人や企業の力を阻害しているものを取り除き、それらの力を最大限に発揮させることによって、繁栄・発展する道を開いていくことこそ、本道であると思うのです。

私たち幸福実現党は民間の力、日本人の創造の力を信じています。民間の力が正しく発揮されれば、日本は再び成長を取り戻すことができるのです。

「国家繁栄と存続の基礎」である健全財政を実現するには

「小さな政府」を掲げると、「政府がお金を出して経済を刺激すべき」と考える人たちからは「緊縮財政」ではないかと言われることがあります。私たち幸福実現党は、国防強化や経済発展の基礎となるインフラ整備には適切にお金を使うべきだと考えており、「緊縮」ではなく「健全財政」を目指しています。これは言い換えれば、国家財政にマネジメントの思想を取り入れるということです。

私たちは立党時、交通インフラや防衛産業や宇宙産業への大胆な投資を訴えてい

『夢のある国へ――幸福維新』

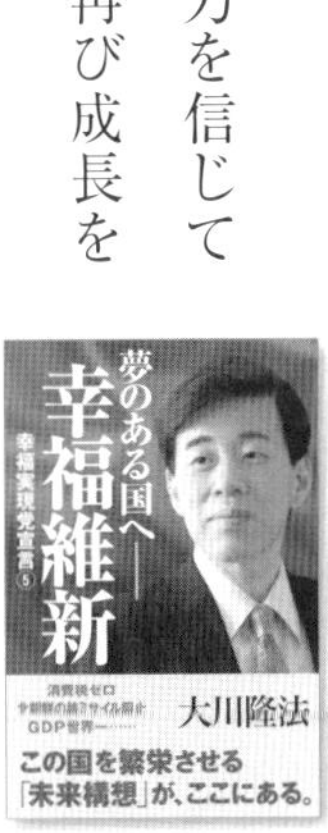

『夢のある国へ――幸福維新』（幸福の科学出版刊）

ました。しかしこれは、投資に見合った「収入」があることが前提でした。人がほとんど通らない道路を造っても経済成長は見込めませんが、慢性的な渋滞が起きている都市部の道路を整理して人やモノの移動をスムーズにし、安全保障にも資する防衛・宇宙産業を育てることで、大きな付加価値を生み、税収も増やそうとしたのです。

しかし、何ら経済効果を生まないバラマキ政策を進めた結果、現在では政府の財政赤字は一千二百七十兆円を超えました。こうした状況ではまず、政府がやらなくてもよい仕事、付加価値を生んでいない仕事を見直すことが大切であり、「減量の経済学」を強く打ち出しています。

この逆の思想が、主として「自国通貨を発行できる国は、過度なインフレが起きるまで、いくらでも国債発行できる」ことを訴えているMMT（現代貨幣理論）です。MMT自体は少し下火になっているものの、「政府がお金を使うことが経済政策だ」という発想は根強いので、この考え方の間違いを整理しておきます。

一つ目は、実体経済が大きくなっていないのにお金を刷りすぎるとお金の価値が下がるということです。すでに日本では、国債を日銀に大量に買い取らせ、事実上、MMTのようなことをやっています。その結果が歴史的な円安であり、インフレです。しかも、財政破綻《ざいせいはたん》の不安が高まって国債の暴落を招けば、大量の国債を買い込んできた日銀も「資産」を大幅に減らして倒産の危機に陥ります。こうなれば国民生活は立ち行かなくなります。

二つ目は、どれだけでも予算が増やせるとなれば政府の権限が肥大化する「大きな政府」への道を開くことになり、国民の側も「放蕩《ほうとう》息子」のごとく、政府への依存心や要求が高まります。

三つ目は、お金だけ増えても、私たちの生活は決して豊かにはならないということです。大川総裁は「**富は智慧《ちえ》と汗の結晶**」と述べていますが、モノを生産したり運んだり、サービスを提供したりする人がいてこそ、私たちは豊かで便利な生活が送れるのです。

そもそも「いくらでも国債発行できる」＝「政府は（インフレが起きるまで）いくらでも借金できる」という発想自体からは、智慧も工夫も生まれません。投資に見合った利益を得るために智慧を絞り、多くの人が欲しがるような付加価値の高い商品やサービスを生み出し続ける努力が経済発展につながるわけです。

このように、健全財政を目指すことは「国家存続と繁栄の基礎」であり、民間レベルでは資本主義の精神を守るためにも大切なことだと言えるのです。

4．社会保障——基本理念は自助と共助

すでに破綻《はたん》した公的年金　家族で助け合う社会を取り戻すには

国民所得に占める税金と社会保険料の割合を示す「国民負担率」の増加が問題となっています。経済のパートでも触れたようにバラマキ政策が増加を後押ししてい

ますが、最も大きな原因は社会保障の肥大化です。

高齢化が進み、二〇二五年には国民の五人に一人が七十五歳以上となって年金や医療、介護といった社会保障給付費が膨張し続けています。一方、その費用を担う現役世代の人口は減り、一人当たりの負担は増えています。一九七〇年度は24・3％だった国民負担率も、二〇二二年度は47・5％まで増加しています。

特に年金については、一九七三年に田中角栄首相のもとで、年金をはじめ社会保障給付の大盤振る舞いを始め、高齢者への年金給付を現役世代の負担で行う「賦課《ふか》方式」へと事

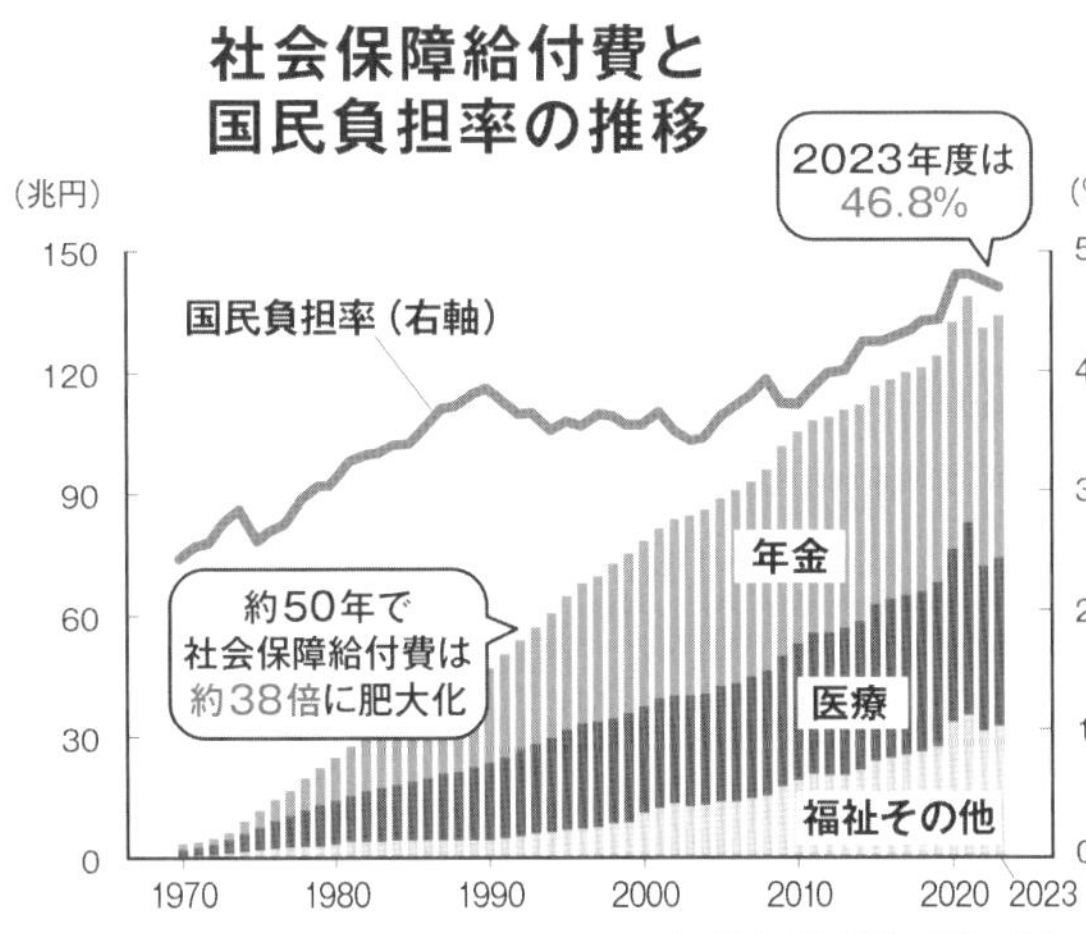

出典：財務省、厚生労働省の資料より作成

実上移行しました。これは人口が右肩上がりで増えている時には成り立っても、少子化が進んでいる現状では必ず行き詰まります。このまま維持しようとすれば大増税が待ち受けるか、若い世代ほど払い込んだ額よりも将来年金として受け取れる額が少ない「払い損」が大きくなるだけです。

しかも、今まで国民が払っていた年金積立金は、このような大盤振る舞いに加え、道路や「グリーンピア」などの保養施設に税金のようなかたちで使われていました。

このような状況を受けて大川総裁は、国民が将来もらえるものだと思って積み立てていた年金保険料を別の用途に使っていたのだとしたら、「**『詐欺罪』**か**『横領罪』の可能性が十分にある**」と喝破しています。

この政策に携わった歴代政権の失政を追及することなく、年金をはじめ社会保障制度維持のために「増税やむなし」といって国民に負担を強いるのは、もう一度国民をだまそうとするようなものです。「現在の年金はすでに破綻《はたん》している」ことを正直に認めた上で、若い世代を対象とした新たな積み立て方式の年金制度の導入などの抜本改革を行っていくべきです。

とはいえ、政府がすべての国民の老後の面倒を見続けるという制度はそもそも無理があり、私たち幸福実現党は、社会保障は自助と共助を基本とすべきと訴えています。

「自助」とは、働ける間に老後の備えをするとともに、元気なうちは働いて収入を得られる「生涯現役社会」の構築を目指すということです。体力が低下した高齢者向けの雇用を社会としても生み出していく取り組みが必要といえます。

さらには家族で助け合う仕組みを維持することです。戦前、年金がなくても多くの人は家族や親族で助け合いながら生活をしていました。戦後、日本の伝統的な家制度が弱まり、代わりに社会保障が手厚くなったことで、一人でも生きていけるようになり、ますます家族の価値が薄れている面があります。

大川総裁はこのような状況を打開するため、昔の長子相続制のように長男に限る必要はないけれど、親の老後の面倒を見ると宣言している子供には全財産を譲れるようにし、相続税も免除すれば、老後の年金が要らなくなるのではないかと提言しています。

幸福実現党は、このような親孝行のすすめにつながる相続のあり方を後押しすべく、立党時から、贈与税や相続税、遺留分《いりゅう》の廃止を政策に掲げています。

いま、政府は「異次元の少子化対策」と称したバラマキ政策を進めるため、医療保険料に上乗せして「支援金」を徴収するなど、事実上の増税を進めようとしています。しかし、政府が何でもやってくれる社会になり、家族で助け合う必要がなくなれば、少子化はますます進んでいくでしょう。

不慮の事故や災害で家族を亡くして困っている方には政府が手を差し伸べるべきですが、社会保障が危機にある今こそ「家族で助け合う」という基本的な考え方を取り戻す時に来ているのかもしれません。

そして「共助」とは、地域や宗教などのコミュニティをつくり、その仲間うちで助け合うことです。特に宗教はさまざまな業種の人が参加する一つのネットワークなので、人と人とのつながりをつくり、弱者救済の力となります。

このような「自助」と「共助」を基本とする社会保障制度への移行は、増税を招かず、国民の自由を守るためにも必要なことですし、人と人との結びつき、絆《きずな》を大切にする温もりのある社会への道と言えます。逆に「ゆりかごから墓場まで」面倒を見る社会は、最低限の生存はできたとしても、重税に苦しみ、冷たく愛のない社会となります。

「自助」や「自己責任」の考え方は厳しいと言われることもありますが、私たちはそのような考え方こそ、本当の意味で国民の幸福につながると考えています。

霊的人生観を取り入れ唯物論《ゆいぶつろん》医療からの脱却を

社会保障でもう一つ見直すべき考え方は「延命至上主義」です。

日本では手厚い医療が安い自己負担で受けられ、本人か家族が望めば、胃ろうなどの人工栄養や点滴などの延命治療が受けられます。一方、「福祉国家」と呼ばれるスウェーデンをはじめ、欧米諸国では基本的にこうした治療は行われず、そのため寝たきりの高齢者もほとんどいません。

もちろん、手厚い医療が受けられることはありがたい面もありますが、現役世代に過度な負担をかける医療保険制度が長く続くことはないでしょう。

しかも、それが患者本人の本当の「幸福」につながるかは疑問です。過度な延命治療は肉体的にも精神的にも苦痛を生み、安らかな死を妨げる面があるのです。

年齢を重ねるにつれて負担額は減り
1人当たり医療費は莫大なものに

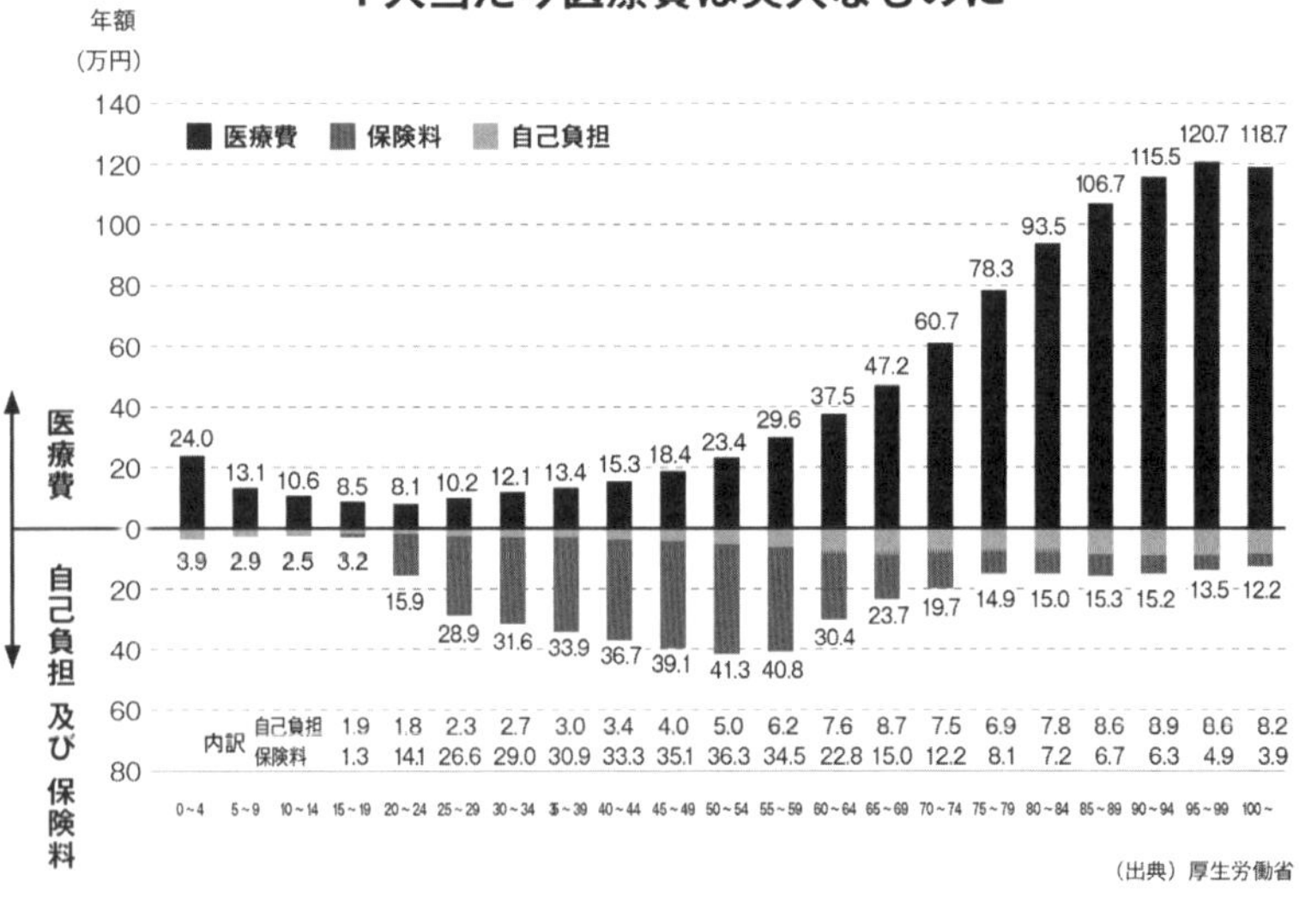

（出典）厚生労働省

大川総裁は「この世で寿命を引き延ばすことができさえすれば善である」という考えに基づく唯物論《ゆいぶつろん》医療の過ちを指摘しています。

やはり、「天命、寿命がある」ということも考えなくてはなりません。その上で、合理的な治療というものが要るのです。

「スパゲッティ症候群と言われる状態でもよいから、とにかく長生きさえすれば幸福である」というような考え方に、私は必ずしも賛成ではありません。

『幸福実現党宣言』

人間の本質は「魂」であり、あの世こそ本来の世界という宗教的真実を踏まえれば、「苦しむことなく安らかにあの世に旅立つ権利」があり、家族に見守られながら最期を迎えることは幸福の一つのあり方だと言えます。こうした考え方のもと、医療や介護のあるべき姿を見つめ直していくことが大切ではないでしょうか。

5. 監視社会への警告
——全体主義的施策に歯止めを

マイナンバー普及を進める政府の本心とは

日本の全体主義化が進み、自由が失われる危機が高まっているとして、大川総裁はさまざまに警鐘を鳴らしてきました。その一つが、政府が二〇一六年にスタートさせたマイナンバー制度の危険性です。当初、マイナンバーの利用範囲は社会保障、税、災害対策の三分野に限定されていましたが、その後、利用範囲を拡大。二〇二四年十二月には、現行の健康保険証が廃止され、マイナ保険証に一本化されることが決まりました。事実上のマイナンバーカードの取得義務化です。

政府はなぜマイナンバー普及に躍起になるのか——。大川総裁は、政府が制度の導入を検討していた二〇一〇年時点で、その狙《ねら》いや問題点をいち早く指摘されています。

昔から、「国民総背番号制を導入しよう」というような話は、何度も出ては潰《つぶ》れていますが、これを導入すれば、国民一人一人の納税額や、社会保障費の額など、各人の収入状況が完全につかめるようになります。（中略）

この制度が導入されると、国民は、もう完全に逃げられなくなります。収入は全部把握され、老後もすべて国家の管理下に置かれて、自由の余地はほとんどない状態になります。

『救国の秘策』

また、大川総裁は、マイナンバー制度の「最終目的」の一つは、政府の借金を返す原資としての「貯金税」「貯蓄税」であると見抜かれています。

実際、財政制度審議会などでは、社会保障費などが膨らんでいくなか、マイナンバーを使って資産を捕捉《ほそく》し、負担できる人には負担してもらおうという議論が行われています。

財産権の侵害によって自由に使えるお金が減れば、自由の死滅につながります。幸福実現党は引き続き、マイナンバー制の見直しを求めていきます。

コロナ対策として行われた〝全体主義の練習〟

二〇二〇年ころから世界的に流行した新型コロナウィルスは、中国の生物兵器であることは第3章で述べました。新型コロナの流行により、日本でも、三度の緊急事態宣言の発出、外出や営業の自粛要請などが出されて民間の経済活動の手足が縛られ、倒産や失業、若者世代の自殺増加を招きました。

同時に、全国民に対する一律十万円給付や、営業自粛の協力金の支給などで、政府が国民の生殺与奪を握るような状況となったのです。

感染防止効果の検証が十分でないまま、大勢の国民の自由が制限される施策を繰り返す政府や自治体について、大川総裁は次のように喝破されました。

あれは〝全体主義の練習〟をしているのです。都知事レベルでもそうだし、県知事レベルでもそうだし、国でもそうですけれども、政治家のテレビの前での発言一つで、あらゆる業界を潰そうと思えばもう潰せるようになっているということを見せているわけです。

『コロナ不況にどう立ち向かうか』

その他、政府や自治体は、事実上のワクチンの強制をはじめ、強権的な感染症対策を進めました。さらに今後の感染拡大に備え、政府の権限をさらに強めようとする「緊急事態条項」を憲法に書き込む議論も進められています。

幸福実現党の目指す「自由からの繁栄」の真反対にあるのが、「感染症対策」などの目的のためなら国民の自由は犠牲になってもかまわないとする全体主義です。

「緊急事態条項」をはじめ、ワクチンの事実上の強制接種、ワクチンデータの隠ぺいなど、国民の自由を奪うあらゆる施策に幸福実現党は反対します。

6．エネルギー＆食料――自給率アップで日本を守れ

原発事故直後からの原発再稼働提言

日本の自由と独立を守るには、エネルギーと食料の確保は欠かせません。中東や東アジア有事によって、食料やエネルギーを運ぶ海の道（シーレーン）が封鎖されれば、日本は戦わずして滅ぶことになります。

国内では化石燃料の確保が難しいこともあり、日本のエネルギー自給率は約13％に過ぎません。私たち幸福実現党は、現時点では安くて安定的な電力確保のために

は、準国産エネルギーと呼ばれる原子力発電の割合を高めることが最善と考えています。再生可能エネルギーの推進も進められていますが、太陽光や風力では安定した電力を生み出せず、火力発電によるバックアップが必要となり、無駄が多く生じます。

日本においては、二〇一一年三月十一日の東日本大震災と福島第一原発事故を受け、同年五月、当時の菅《かん》直《なお》人《と》政権は浜岡原発の停止を要請。さらに原子力規制委員会の設置に道筋をつけました。

世論も原発反対一色のなか、大川総裁は、原発事故直後の二〇一一年三月十六日時点で、原発を手放してはならないと訴えました。

台湾が中国に侵略されると、シーレーンを塞がれ、食料や石油や石炭などが入ってこなくなります。日本にとって、準国産のエネルギーである原発を動かすことは死活的に重要と言えます。

原発に替《か》わるエネルギー源が出てこないうちは、単なる恐怖症によって原発を簡単に手放してはなりません。原発を廃止して石油に頼ったエネルギー経営をすると、国防上も非常に危険なことになりますし、産油国に経済を翻弄《ほんろう》されるようになってしまいます。

『震災復興への道』

安価で安定的なエネルギー供給は国民生活と経済活動に不可欠です。幸福実現党は一貫して、全国の原発再稼働、新増設などを進めるべきと訴えてきました。あわせて、エネルギー自給率を高めるため、原発を軸としながら、化石燃料の調達先多角化の観点から石炭火力の活用などを提言してきました。

『震災復興への道』
（幸福実現党刊）

しかしながら、「CO_2地球温暖化説」に基づいて、世界中で「脱炭素」政策が進められており、石炭発電がやり玉に挙げられています。他にも、効率の悪い再エネへの投資、CO_2排出に金銭的負担を課すカーボンプライシングなどを進めようとしています。これは、エネルギー供給を高くて不安定なものとする流れで、経済活動の足かせになります。

大川総裁は「CO_2地球温暖化説」は怪しいところがあるとして、二〇〇九年段階から警告を発しています。

一つの仮説に基づいて気象学者が言ったことを、全世界が信仰のように信じ、CO_2削減を行えば、不況をさらに拡大してしまうおそれもあるので、気をつけなくてはいけません。「CO_2削減によって地球温暖化を防ぐ」という目的での活動が、経済の不況を長引かせることになるようにも見えるのです。

《大川隆法政治講演集２００９ 第１巻》『法戦の時は来たれり』

さらには、CO_2削減目標を掲げて取り組もうとする世界的な運動の本質を次のように見抜いています。

これは、実は、大企業や資本主義の発展を妨げようとする左翼運動であり、姿を変えたマルキシズムです。

《大川隆法政治講演集２００９ 第2巻》『光と闇の戦い』

CO_2削減目標は先進国の経済活動の足かせとなります。また、太陽光・風力発電で使用する重要鉱物で大きなシェアを占める中国を利することにもつながります。自動車産業をはじめ、日本を支える基幹産業が力を失い、日本人の雇用・所得の減少をもたらすことからも、幸福実現党は脱炭素政策の撤回を訴えています。

「農業」は有望な未来産業の一つ

食料自給率のアップも待ったなしの課題です。日本の自給率はここ何年もカロリーベースで40％の状態が続いており、先進国中最も低いままです。

政府は兼業農家にも補助金を出して保護してきましたが、補助金漬けの産業は魅力がなく、農業の担い手は高齢化しています。

大川総裁は、日本の農業技術は世界一優れているとして、「**農業は、考え方を変えれば、非常に有望な未来産業の一つ**」と述べています。

そして、優れた農業技術を生かして、高付加価値の農産物を輸出し、収入を上げられるようにすること、同時に安くて安全な農産物をつくり、食糧難にある途上国の人たちをも救っていけるようにすることを訴えています。

そのために幸福実現党は、農地の集約化によって大規模農業を可能にすること、農地に関する規制の緩和（外資系企業への対策は安全保障の観点から別途必要）、株式会社の参入促進などによって、「稼げる農業」への道を開くことが必要と考えます。また、優れた農業技術の海外流出を防ぐことも政府の役割です。

何より、実質上継続している減反を今すぐ廃止し、コメの生産量を増やして食料危機に備えるべきです。価格維持を図ろうとする共産主義的な農業政策ではなく、日本のコメの美味しさを世界にＰＲして輸出先を拡大するという自由主義的なものへと転換すべきです。

7. 教育——安心して通える質の高い公教育の実現

幸福実現党が教育無償化に反対するわけ

政府や自治体が少子化対策として「教育無償化」を進めています。子育て真っ最中の家庭からは歓迎の声が上がっていますが、幸福実現党は無償化には明確に反対しています。

まず、「無償化」という言葉にはゴマカシがあります。これは国民が払った税金による「税負担化」と言い換えるべきです。財政赤字が問題になっている中で無償化を拡大すれば、いずれ家庭の負担を増やし、少子化対策にとって逆効果です。

そして、一番の問題は教育の質の低下が懸念されるということです。

「授業料がタダなら、教育のレベルが低くても許されるので、教師はもっと楽ができる」という安易な方向に流れるおそれがあります。そうすると、無償化のためのお金はまったくの無駄金になります。

『危機に立つ日本』

私立学校は高い授業料でも生徒が来てくれるように、授業の質を上げたり特色ある教育を打ち出したりと、さまざまな努力をしています。しかし、どの学校でもタダであれば、教師のプロ意識も損なわれるでしょう。また、大阪府のように学校にも負担を強いる仕組みとなれば、安易に授業料は上げられなくなり、優秀な教職員人材の確保や設備投資などができなくなったりします。自由の幅が狭まり、各学校の特徴も薄れていきます。

さらに教育無償化は、親不孝者の子供を増やすことにもなります。大川総裁は「**やはり、『親が、貧しかったのに、頑張ってお金を積み立て、学校にやってくれた』などということが、けっこう親孝行の原点になるのです**」（『世界を導く日本の正義』）と述べています。タダにすれば、「頑張って勉強して親や社会に恩返ししよう」という気持ちもなくなってしまいます。

そもそも「すべての児童の公共的無償教育」を主張しているのは「共産党宣言」です。つまり教育無償化は、家族を否定し「子供は社会で育てる」という共産主義の発想なのです。

公教育の充実で「質の高い教育を受けるチャンスの平等」を

「国家百年の計」である教育の質を高めるため、大川総裁は立党前より提言を続けてきました。一九九八年の時点で、偏差値を悪とみなして学力競争を否定する、いわゆる「ゆとり教育」を主張する旧文部省の誤りを指摘していました。偏差値は学力の伸びを測る物差しであり、「教育の結果、価値あるものが生まれるのならば、学力が伸びるのはよいこと」だとして、教育の重要性を訴えてきました。

さらには、国公立の学校に行っても質の高い教育が受けられず、塾通いが増えて家計や子供の負担が増えている現状を指摘し、次のように述べました。

今は、補助金を出すことばかりを言っています。学校に補助金を出すとか、高校の授業料をただにするとか、全部お金で片付けようとしているけれども、お金ではなくて内容の問題なんですよ。（中略）

ですから、本当に国民のためを考えるなら、少なくとも八割の国民のことを考えるんだったら、「公教育のレベルを上げる」ということは公務です。

『幸福維新への道』２００９街頭演説集③

学校の授業料を無償化しても、結局塾に通わなくてはならないとしたら本末転倒です。それよりも公教育自体を充実させ、誰《だれ》でも質の高い教育を受けられるチャンスを提供すべきです。

幸福実現党は学校設立の自由化、義務教育における学校選択の自由化、優れた進学実績を上げた教師にはそれに見合った報酬を出すといったかたちで、適切な競争原理を取り入れて教育の質を上げることを提言しています。

「いじめ問題」をどう解決するか――その根本的解決法とは

教育を受けるチャンスの平等を保障するためには、学校を安心して通える場所にすることも大切です。そのためには深刻化するいじめ問題の解決が不可欠です。まず、「いじめは悪である」という認識が必要です。特に犯罪レベルのものについては、加害者の責任を問うと共に、教師や学校の責任も問われるべきです。いじめ問題の解決のため、二〇〇七年に大川総裁は、加害者への処分や隠ぺいに加担した教員に対する罰則などを明記した「『いじめ処罰法』（原案）――大川隆法案――」（月刊「ザ・リバティ」二〇〇七年三月号掲載）を発表しました。

この提言は、二〇一三年成立の「いじめ防止対策推進法」の成立につながっていきましたが、現行の法律では、いじめの放置・隠ぺいなどをした教員・学校側への罰則が設けられていません。幸福実現党は、隠ぺいの罰則を入れた法律を制定すべきだと引き続き訴えていきます。

ただ、罰則を伴う法改正だけでは十分ではありません。善悪の価値判断の基礎となる宗教心を養うことなくして、いじめを根絶することはできません。

大川総裁は、いじめ対策には正しい宗教教育が必要であると力説されています。

やはり、仏神、仏や神のことから始めて、あの世とこの世があること、人間の正しい生き方、そして、「死後に天国も地獄もあるのだ」ということ、ここをきちんと教えないと、いじめ対策はできません。

根本的には、ここなのです。これを信じていない人には、他の人の指導はできません。「正しい心」は教えられないのです。「これをしてはいけません」「ルールを守りましょう」ということだけしか言えないのです。

『教育の法』

『教育の法』（幸福の科学出版刊）

道徳だけでは「なぜ悪いことをしてはダメなのか」に答えられません。間違った思いと行いはこの世だけではなく死後も裁かれること、いじめている相手も魂修行のためにこの世に生まれた仲間であること、こうした宗教教育なくしてお互いを敬う心は生まれないのです。

いじめ問題を解決し「正義」が支配する学校にするためには、この世における法律の改正と共に、神仏の普遍的な教えである「仏法真理《ぶっぽうしんり》」の教育が必要なのです。

8．ＬＧＢＴの行き過ぎた権利拡大は文明を滅ぼす

ここ数年、ＬＧＢＴ（性的マイノリティ）を取り巻く課題について、さまざまなメディアでも取り上げられるようになりました。ヨーロッパでは同性婚が認められる国も増え、ＬＧＢＴについて学校で積極的に教えています。

日本では、二〇一五年に渋谷区と世田谷区で、同性カップルを結婚に相当する関係と認めて各種サービスを受けやすくする「パートナーシップ条例」が成立したことを皮切りに、全国で同様の条例が定められていきました。さらには「欧米に比べ

てＬＧＢＴの権利保護が遅れている」などという風潮に押され、二〇二三年六月にはいわゆる「ＬＧＢＴ理解増進法」が成立しました。

こうした流れについて、幸福実現党は明確に反対しています。

なぜなら、同性婚は伝統的な家族観を崩壊させるからです。同性カップルが同居したり財産を譲り合ったりすることは自由ですが、同性婚を認め、子供も持てるようになれば、文明の崩壊につながりかねません。例えばフランスでは、同性婚の家庭に配慮し、教育現場の公的な書類では「父親」「母親」に代わり、「親１」「親２」と表記しています。

また、トランスジェンダーの権利保護として、性別適合手術がなくても性自認だけで戸籍上の性別を変えることを認める最高裁判決も出ていますが、男性の体を持つ「自称女性」が女性トイレや風呂場に入ってくれば社会の混乱を招き、大多数の人が暮らしにくい世の中をつくってしまいます。

何より宗教的には、男女の差をなくしていくことは大きな間違いだからです。

幸福実現党は自由や多様性を尊重する政党ですが、あくまでも信仰という方向性があっての自由です。神仏が創られた魂修行の環境を破壊し、社会の秩序より自分の欲望を優先することは正しい道ではないと言えます。

さらにLGBTの中には、宗教的に見ると、他の霊が地上の人間に影響を及ぼす「憑依《ひょうい》」という現象も含まれています。女性の霊が憑依すれば、肉体が男性でも女性として自分を認識するようになるわけです。

ただし、私たちはLGBTの人たちへの差別や迫害には反対します。キリスト教やイスラム教の国々では、「神は男女を分けられた」という「創世記」の記述をもとに、かつては同性愛者を迫害・処罰する法律が存在しました。現在でも、欧米諸国ではLGBTの問題は単なる政治問題ではなく国を二分する宗教論争となっています。

幸福実現党は「人間は転生輪廻《てんしょうりんね》している存在であり、例えば女性としての転生が多かった魂が男性として生まれた場合、自らの肉体の性に違和感を覚えたり、男性に惹《ひ》かれたりすることがある」という霊的真実を明かしています。ゆえに、LGB

Tの人たちの苦しみや葛藤《かっとう》も理解できるのです。

しかし、今世の性は、自らの魂を磨くために与えられたものであり、魂の向上の観点から生まれた性で生きることを勧めています。男女の性を分けたのは「**地球の方針**」であり、男女それぞれの強みを生かし、協力し合うことを神は願われています。長い転生において違う性別を経験することは、魂の磨きにもなるのです。大川総裁はLGBTについて次のように述べます。

> **弱者を迫害してはならないという考えには私も賛成だ。しかし、某大手左翼紙のように、解離性同一性障害の人は、いくつかの心がある（男性、女性）といった論調は、「憑依《ひょうい》」という宗教現象を魂のオリジナルな個性と誤解しているという間違いがある。基本は「ノーマル」であるべきだ。しかし、そうでない者を「魔女狩り」する社会になるまで極端であってはならない。これが地球神の現在の考えだ。**
>
> 『公開霊言　QUEENのボーカリスト　フレディ・マーキュリーの栄光と代償』

あとがき

ＬＧＢＴの問題は「人間とは何か」「なぜ男女があるのか」という宗教的真実が分からなければ答えが出せません。魂の真実を教える宗教政党こそが、「この世とあの世を貫く幸福」を実現できるのです。

以上が、信仰を背骨とする「宗教立国」を目指す幸福実現党の主な政策です。党利党略や人気取りを狙《ねら》った政策は一つもなく、人々を幸福にしたいという神の愛に基づいたものばかりです。

「仏国土《ぶっこくど》・地上ユートピア」の発信基地となれるよう、日本を強く豊かにし、精神的にも世界をリードできる国とすべく、幸福実現党は挑戦を続けてまいります。

私たちの掲げる政策、考え方に賛同できる点があれば、ぜひとも一緒に理想の国をつくっていきませんか。

最終章

立党十五年の「原点回帰」

――「奇跡」への感謝

幸福実現党党首　釈量子

1章から4章では、立党の経緯や意義、政治哲学、政策的な側面から「立党の原点」を見てまいりました。

大川隆法総裁が創立された「幸福実現党」が、いかに大きな志のもとにあるか、その政治哲学がどれほどの普遍性を持ち、その射程が遥《はる》か未来に向けられているかということをご理解いただけたのではないかと思います。

立党時の熱気と喧騒《けんそう》を思い出された方も多いのではないでしょうか。「マニフェスト」（政策集）を見て興奮した青年が、出世街道をなげうって立候補のために駆け付けてきたり、街頭で配られたチラシを見た経営者が「これは本物だ」と寄付を申し出られて、今では熱烈な支援者になられたりしています。

今では地方議員も全国各地に誕生しました（公認地方議員は三月末時点で53人）。地域をくまなく歩き、今度こそはという矢先に、病で散っていった仲間も一人や二人ではありませんが、幸福実現党の描く夢に向かって、人々の幸福のために投じた人生ほど、輝きに満ちたものはありません。ご支援くださったお一人おひとりの顔を思い浮かべ人生やご家族に心を馳《は》せると、感謝の思いが込み上げてきます。

何よりも、大川隆法総裁のお導きと忍耐の御慈悲を賜りながらの十五年は、「奇跡」としか言いようがありません。そして、貴重な時間であるがゆえに、核戦争や国家経済の危機が迫りながらも、国を変える十分な力を持てていないことに、私自身、忸怩《じくじ》たる思いでいっぱいです。

本章は、これまで触れてこなかった「幸福実現党の原点」を見つめたいと思います。それは、大川総裁のご人生すべてへの、限りない感謝でもあります。大川総裁の歩まれた道そのものが、幸福実現党として結晶する「人類への愛」に他ならないからです。幸福実現党の父へ、限りない感謝の心で「原点回帰」することが、私たちが活動の本質を見誤らず、未来に向けて真っ直ぐ歩んでいくためにも、これからの戦いに臨むうえでも、一番大切なことであろうと思うのです。

1．創立者・大川隆法党総裁のご人生と「幸福実現党」

若き日の総裁の精進と「政治と経済」

徳島県麻植郡《おえぐん》川島町（現・吉野川市）にお生まれになった大川隆法総裁は、子供の頃《ころ》から天に向かってまっすぐ伸びる竹のように、努力を重ねてこられました。学業は極めて優秀で、しかも慢心せずに自分を磨き続ける少年でした。それは、「世のため人のため」の勉強だったからです。

正義感や責任感も桁違《けたちが》いでした。中三の夏、受験用の特別夏期講習を「生徒のやる気の無さ」を理由に、教員たちがサボタージュしたことがありました。その時総裁は、英数国理社の全科目を教員の代わりに講義し、熱心な質疑応答まで行われたそうです。慌てた教員たちは翌日から授業に復帰し、学校の秩序と平和を静かに取り戻したという逸話など、宝物のようなエピソードがたくさんあります。

京都の予備校時代には、すでに「政治の世界における正義とは何か、神の正義とは何かを考え始めていた」といいます。

東京大学法学部では国際政治学を専攻されました。ただ旧ソ連や中国を礼賛する教授には早々に見切りをつけ、ハンナ・アレントの研究など、独自の思想体系を築く道を選ばれました。常に「法の窮極《きゅうきょく》にあるもの」としての神の心、神の愛を求め続けておられたことは、これまで述べてきた通りです。実定法の勉強にも手を抜かず、後に官房長官となる同郷の政治家、後藤田正晴《ごとうだまさはる》氏から、自治省への誘いも受け、「政治家の後継者」とみなされていたようです（『小説　遥《はる》かなる異邦人』、『世界を創りかえる新しい学問の創造』〈HSU出版会 編〉参照）。

卒業を控えた一九八一年三月二十三日、「大悟」の瞬間を迎えられます。釈尊の魂の中核であるエル・カンターレとして人類救済の使命を自覚されたのです。

その後、総合商社でエリート財務マンとして勤務され、生き馬の目を抜くウォール街で戦いながら、「愛の哲学」をはじめ、宗教家として立つべく思想を練り込まれてきました。霊的覚醒《かくせい》の後に会社勤めをされて、幸福の科学設立までの六年弱が、「いちばんの修行であった」と述懐されておられます。

二〇〇八年に「リーマン・ショック」が世界を震撼《しんかん》させたとき、当時の麻生太郎政権にＩＭＦに十兆円を拠出するように促すと共に、世の経済学者や専門家の考えと対照的に、いち早く「世界恐慌は起きない」と診断を下されました。「空理空論」ではなく、政治と経済を「修行の道」として歩まれたことが、計り知れない救済力となっていったのです。

政治家に導きを与える国師としての大川隆法総裁

一九八六年に幸福の科学を立宗されると、霊的世界観や心の教えのみならず、経済社会の中で生きていくべき教えも次々と提示されました。若き総裁に「兜割り」された政治家や識者、経営者も数多く集《つど》ってきました。

最初に接触してきた政治家は、総理大臣在任中の中曽根康弘《なかそねやすひろ》氏です。

政財界に通じた月刊雑誌の編集主幹を介して、中曽根首相が総裁に「手紙」を送ったのです。禅問答のような内容であったため、総裁も禅問答で返したという洒《しゃ》脱《だつ》な？　エピソードが、『中曽根康弘元総理・最後のご奉公』に紹介されています。当時は米ソ東西冷戦の真っただ中、円高で日本経済の舵取りも非常に難しい時期でした。ただ中曽根氏とは、その後新聞記者がかぎ回っているという情報もあって、距離を置かれたようです。

一九九一年には初めての東京ドーム講演が行われました。その年の暮れの十二月七日には、イギリスの国際経済紙「フィナンシャル・タイムズ」が全面で「日本は新しき神に頭を垂れ、跪《ひざまず》きつつある」という見出しで総裁を紹介し、「イエス・キリストのときであっても、このように、五万人もの人を集めて講演することはできなかっただろう」と書いたこともありました。

政治や経済の世界で活躍している人もみんな根こそぎ救うのだという大川総裁の気迫が、昇竜のような教団の発展となっていきました。

そして、二〇〇九年の幸福実現党の立党後も、国が方向性を過たないよう、国師として何度も導きを与え続けておられました。

二〇一三年に「特定秘密保護法」で国会が紛糾した時には、『「特定秘密保護法」をどう考えるべきか』を緊急発刊されました。印刷されたばかりの書籍を幸福の科学グループの広報担当者が、政権にごく近い議員に献本したところ、「これだ！」と大興奮して持ち帰りました。その後の国会論戦の理論的・精神的な支えとなったはずです。集団的自衛権行使容認の是非が国を巻き込んだ騒動になった時は、『「集団的自衛権」はなぜ必要なのか』を緊急発刊され、「**日本よ、早く『半主権国家』を卒業し、『主権国家』へと脱皮せよ**」（同書まえがき）と檄《げき》を飛ばされたこともあります。その他、示されてきた外交的指針の数々は、3章にも記した通りです。

国を救うため、党利党略などのこの世的事情を超越し、時の政権に導きを与え続けてこられた国師の姿を、すべての日本人に知っていただきたいと思います。

「生きている人間としては極限まで努力した」

幸福実現党の政策はどれも、甘い人生観を打破し、人間を精神的な高みに引き上げるものです。そこに「一切の嘘《うそ》がない」のは、大川総裁の実人生に裏打ちされているからです。

親から受け継いだ地盤や資産の上に胡坐《あぐら》をかくような世襲政治家もいますが、大川総裁は自助努力の精神で、独自の道を切り拓いていかれました。

政治、経済、教育、芸術など全方位からの質問に答えるため、幾万、十数万の書籍を読まれ、若い頃から根源的なる思想を練り続けてこられました。そうした努力の上に、天上界からのインスピレーションも受けて指針を示しておられるのです。

「おそらく生きている人間としては極限まで努力したと思う」と語られた御精進の姿に涙しないではいられません。一日二十四時間、三百六十五日すべてを全人類救済に注がれた愛の結晶が、前人未到の三千五百回以上の御説法、三千百五十書以上の経典群、また四五〇曲以上の楽曲となりました。政治系の公案など、研修ソフトも数多くいただきました。

それだけの成果を残されながら「『努力即幸福』の境地はそう簡単には到達できないが、昨今、少しは分かってきたように思う」「まだ天意には沿えてない。努力あるのみだ」（『自助論の精神』あとがき）とも語られています。最も偉大な仕事をなされた方が、最も謙虚であられたのです。このお姿を、私たちは魂に永遠に刻み込みたいと思います。

大川隆法総裁の「武士道」と「正義の心」

大川総裁の「武士道の精神」も、幸福実現党に流れています。卑怯《ひきょう》な真似はせず正論を貫き、「戦うべき時には戦う」という精神です。

高校、大学と、剣道部で鍛錬を積まれた総裁は、東大法学部時代、八段保持者から霊的な電流が流れるような「神剣」だと評されたという逸話も残ります。

この武士道のルーツにあるのが、第1章でも触れた日本文明の源流・天御祖神《あめのみおやがみ》です。「天御祖神の武士道」とは、「単なる人殺しの剣」ではなく、「神仏へとつながる剣」の道としての武士道です。道具としての「剣」はあっても、それは神が振るわれるのだと自覚したとき、武士道は本物になるのです。

大川総裁は、政治を陰で動かすようなやり方を潔しとされず、正々堂々の正論を世に問い、それを現実的に具体化すべく立党されました。亡国の危機にある日本および世界を救わんとされたのです。総裁の言葉は、「真剣」そのものです。

「政見放送」――十五年前の段階で国家の最重要課題に斬《き》り込む

大川総裁は、二〇〇九年の衆院選の際には、幸福実現党比例代表候補として渋谷のＮＨＫスタジオで「政見放送」の収録をされました。

十五年前の演説ですが、この時すでに、現在の国家的危機を見越して日本の選択肢が示されていることに気付きます。最初から、国家の最重要課題に斬《き》り込まれていたのです。

まず、「国防」です。立党の第一の目的として、「**この国の国防を磐石《ばんじゃく》にするということ**」とされ、選挙で勝てない争点ではあるが、誰《だれ》かが本音を語らねばならないと正義感に燃えて立ち上がったと語られました。

第二に「**消費税の廃止**」です。当時は、ここまで踏み込んでいる政党はありませんでした。現在は、膨らみ続ける財政赤字と国防費を考慮して、消費税5％を訴えていますが（第4章参照）、十五年前の時点で思い切った減税策を行っていれば、経済状況は変わっていたでしょう。

そして、与野党含む既存の政党と幸福実現党との根本的な対立軸を明確に打ち出されました。それが「小さな政府」です。

はっきり申し上げます。みなさまがたの選択は、二つに一つなんです。大きな政府を選ぶか、小さな政府を選ぶか。どっちかです。今、小さな政府を明確に訴えて

いるのは、われわれ幸福実現党だけです。

国家の介入を必要最小限に絞り、民間企業や各人の創意工夫でやっていく「小さな政府」か、多額の税金を国民にばらまく「大きな政府」か。幸福実現党は今、この「大きな政府」に向かわせる「欲望の民主主義」からの脱却を呼びかけていますが、十五年前に政治の方向性を変えることができていれば、現在のような財政赤字の膨張や経済低迷といった、悲惨な事態にはならなかったでしょう。

一回目の収録で十分間のお話をされ、一分オーバーということで二回目を収録されました。一回目とは全く違う内容をピタリと九分に収めたのを見て、カメラの近くのスタッフが「神業…」とつぶやいたのを、当日、立ち会った党広報スタッフが聞いています。メモひとつ見ないで流れるような説法をされるお姿は、私たち弟子には当たり前でしたが、普通ではなかったのです。もっとも大川総裁は、中学二年生の麻植郡の弁論大会の演説「青雲の志について」から原稿なしの生スピーチをされていたということです。

選挙戦に突入してからの全国での遊説は、幸福実現党の政治テキスト化を念頭に置かれ、その地域の強みや課題はもちろん、使命まで縦横無尽に語られ、今も貴重な指針となっています。「不惜身命」「一日一生」の大川総裁の一分一秒を無駄にされない姿勢の現れでもありました。

「嘘のない政治」を目指して

無神論国家は国ぐるみで嘘をつきます。新型コロナウィルスに関する「嘘」をはじめ、天安門事件のような粛清《しゅくせい》や殺戮《さつりく》も平気で行うのが中国です。

民主主義の日本でも、嘘をついて言い逃れたものが〝長生き〟できて、政権を維持できたり、大臣の地位を得られたりします。さらに、嘘をついたものが選挙で勝つような仕組みになっています。嘘は政治悪の根源なのです。

私は、一円のごまかしも嫌いな人間です。嘘を憎みます。人を騙《だま》すことを憎みます。嫌いです。正直でない人間が嫌いなのです。世の中をごまかして行き渡っていく人間が嫌いなのです。偽物は嫌いなのです。フェイクは嫌なのです。だから、あくまでも、本当のことを本当のこととして、真実のことを真実のこととして、追い求めたいと思っています。

二〇二一年十二月十四日法話「地球を包む愛」

「本物であれ」「真実の人であれ」――政策を主張するにも、それにふさわしい自分たちなのかという問いかけが、幸福実現党には常に突き付けられています。

選挙で選ばれて議員になると、「嘘」をついても自分は特別だから許されるという「慢心」が生まれます。これが恐ろしいのです。表面だけ取り繕えばよいのではなく、心の中身も大事です。大川総裁は「**表面意識と潜在意識が、かけ離れている人は、嘘つきである。**」（『人生への言葉』57）という指摘もされています。

松下幸之助氏は生前、企業と同じく国にも「無借金経営」は可能であるとして、「無税国家論」を説きましたが、松下政経塾の卒塾生である現職の国会議員は、松下氏を師匠と仰ぎながらもその真逆の政治を行っています。例えば、野田佳彦元首相は消費税の増税を行い、経済安全保障担当大臣の高市早苗氏は金融所得への課税強化を主張しています。目下、松下氏の遺志を継いでいるのは、幸福実現党です。

「無借金国家」という、松下幸之助さんが言っていたことを言える人がもういなくなってきていると思うのですが、私にはそれを言う資格はあるのではないかと思っています。

『自助論の精神』

実際、幸福の科学グループは無借金経営を貫いています。

主張する以上は実際にやってのけ、それをモデルに日本や世

『自助論の精神』（幸福の科学出版刊）

界に広げていこうという発想が総裁には常におありです。
十五年経ってつくづく実感するのは、大川総裁の言葉の上に未来は築かれるということです。「億千万の民を救う」という志、はるか先を見据えた国家ビジョンや世界への指針など、選挙に勝つためだけの既存の政治家や政党からは、決して出てくることのない叡智《えいち》です。自らの低い認識力やその時々の「空気」に合わせて矮小《わいしょう》化《か》したり、歪《ゆが》めたりしては許されないものがあるのです。

私は、特に先見力を発揮して言っているわけではありません。これは、ほとんど、単なる宗教的な「正見《しょうけん》」に基づくものなのです。私は「曇りのない心」で、世界の姿を映して見ているだけです。本当に素直に、先入観なしに、「どのように自分の目には見えるか」ということを見て、語っているだけなのです。（中略）
「先見力を磨いている」というよりは、私が「こうあるべきだ」と思って見ていることが、〝設計図〟を引いていることであり、その〝設計図〟に合わせて時代が動いてくるのです。

『先見力の磨き方』

現成《げんじょう》の仏陀の「正見」を軽んじることは決してできません。総裁の先見力から生まれた政治の指針を真っ直ぐに受け止めたいと思います。

2.「政治」と「宗教」が両輪となって実現する地上ユートピア建設

政治を変えなければ救えない命もある

第1章でも触れましたが、立党時から「なぜ宗教が政治に進出するのか」という声はよくお聞きしました。また、幸福の科学の信者でも、「政治は苦手」という方もいらっしゃいました。しかし、「苦しんでいる人を救いたい」とほんとうに願うなら、「宗教」と「政治」の両輪がどうしても必要です。

物心両面での救済へ立ち上がるきっかけの一つが、「自殺防止」活動です。

一九九七年、３％から５％に上がった消費増税が経済に与えた衝撃は大きく、金融機関の倒産が相次ぎました。「経済苦」を理由にした中高年の自殺が増えて、自殺者の数は年間三万人を超え、日本中の家庭が悲劇に見舞われたのです。

そこで大川総裁の提案で始まったのが自殺防止の活動です。

幸福の科学では、二〇〇三年から「自殺を減らそうキャンペーン」を続けていますが、それでも、日本では毎年三万人以上の自殺者が出続けています。

私は、この活動を通じて、「やはり、思想だけで救えるものではない。現実の政治の仕組みや、国家の運営の仕方がまずければ、救えない命もあるのだ」ということを知りました。

今、「この世の大きな枠組み」を変えなければならない時期が来ており、その大きな使命が私たちに下っているのだと感じています。

『政治と宗教の大統合』

『政治と宗教の大統合』（幸福の科学出版刊）

幸福の科学の「自殺防止相談窓口」では、毎日、電話相談を受け、一人ひとりの魂の救済を続けています。

同時に、政治に進出する必要があるのは、この世の仕組みを具体的に変えなくては救えない苦しみが、いま地上には溢《あふ》れているからです。無神論国家の出現、戦争、貧困、世界恐慌、全体主義による人権蹂躙《じゅうりん》、疫病、天変地異——。

「政治」と「宗教」が補いあって理想の国造りを進めていくことが、この世から不幸を減らし、物心両面でこの世をユートピア化していく道です。だから**「宗教であっても、政治に関して目を離してはならない」**（『宗教立国の精神』）のです。

「天上界の神々から『命《めい》』が下りて始まった」政党

幸福実現党と他の政党との決定的な違いが、「神々からの霊的啓示によって立党した」という霊的な側面です。

宗教と政治を分離し、神仏の心や霊的人生観を排除して票を集めようなどという保身が働けば悪魔の思うつぼです。幸福実現党の目指す「精神的主柱」の樹立、つまり神と人間を結ぶ「信仰心」を否定するなら、私たちの存在意義はありません。

幸福実現党の立党は、そもそも、天上界の神々から「命《めい》」が下りて始まったものです。これを隠さずに活動しています。

「政治の部分は、この世的な部分なので、幸福の科学のなかの、この世的な人間が集まって政策をつくっております。その内容について共感する方、共鳴する方は、どうぞご参加ください」というふうに言っているわけではありません。

『革命の心』

政治についての意見も天上界からの意見なのです。

『メシアの法』でも、「幸福の科学から政治経済的な発言も出ますけれども、これは、天上界から出ている、『この世の文明のあり方を変えなさい』という意見です」と説かれています。

神の声による「革命」を恐れる中国共産党

宗教を最も恐れているのが、中国共産党政権です。

経済崩壊が進む中国では、「群体性事件」と呼ばれるデモや抗議活動が年間十万件以上勃発《ぼっぱつ》しています。ほとんどが強制的な土地収用や環境汚染、労働争議など経済的な理由です。「人民に対する弾圧は、外国勢力と戦うよりも無慈悲」と指摘する人もいます。不条理に怒りをたぎらせる人民が、潜在的には相当数いると見てよいでしょう。

今のところ散発的な動きにとどまってはいますが、ここに「神の声」を聴く人が立ち上がればリーダーが生まれます。そして大きなうねりになり、唯物論の独裁者を超越した「神」や「天」の命令によって、毛沢東革命の「反革命」が起きる可能性は十分あります。

清朝末期の中国で、洪秀全が起こした「太平天国の乱」はキリスト教的な色彩を帯びた革命です。北京政府は「二度と洪秀全を出してはならない」という方針のもと、「宗教の中国化」を進めていますが、唯物論を国是とする政治を終わらせる革命家が中国本土に現れるのを、この眼で見ることができるかもしれません。

「政治の源流」に立つ奇跡

「神の声」は革命の心であるとともに、理想政治の原動力です。

アメリカのリンカン大統領は、ホワイトハウスを祈りの家に変えました。南北戦争というアメリカ最大の内戦のなか、毎晩「アメリカを守りたまえ」と神に祈り続けました。大勢の犠牲を出していることに葛藤《かっとう》しつつも、奴隷を解放し、分裂を回避してアメリカが一つの国として栄えることが、神の願いであり正義であるという確信のもとに戦ったのです。

政治は多くの人々の幸福を左右するため、本物の政治家は神の声を求めています。本来、「神仏の思いを実現していく」ことが政治の理想だからです。現代では民主主義が「最高の政治」のように考えられていますが、実際のところ、神の声が聞こえる政治家は極めて少なく、そのお考えが分からないために、選挙を通して民の声を聴き、多数を占めたものを「神仏の考えと同じであろう」と見なしているのが民主主義なのです。

しかし、大川総裁によって現在、「神仏の真なる願いや考えが、どこにあるか」が明確に分かるのです。これが幸福実現党の最大の武器です。

御法話「天命を信じよ」で大川総裁は、神仏の声を直接、民衆に伝えられるということは、「それは、とりもなおさず、私たちが、『政治の源流に立っている』ということを意味します」と明言されました。このような時代は二度とありません。現代は、「政治」にとって「奇跡」の時代なのです。

神の願いを妨げる偽我《ぎが》との戦い

日本の政治不信は、頂点に達しています。問題が露呈するたび、「私は悪くない」と保身に走る政治家を国民は見続けてきました。誰《だれ》もが限界を感じる今こそ、すべての政治家の皆様に、宗教の必要性に目覚めていただきたいと心から思います。

日本では、反省や謝罪が形だけのものになりがちです。しかし、神仏の眼をごまかしうるものは何もないことを悟った上での反省には、心の罪を消し去る力があります。また、キリスト教の「パウロの回心」や釈迦弟子となった殺人鬼アングリマーラのように、「悪からの転換」が大きな導きの光になり得ることを、世界の宗教は教えています。謙虚さには尊い価値があるのです。

日本を代表する世襲議員である某大臣は、外務大臣時代の会見で日露関係について聞かれても「次の質問をどうぞ」と四回にわたって繰り返し、質問には一切答えませんでした。外交上、回答できないことがあるのは分かりますが、その高慢な態度に批判が集まりました。それでも首相候補に名を連ねておられます。

「生まれによって尊い」と考える血統主義が幅を利かせ、「自分は特別で他の人とは違う」「自分が世界の中心だ」と考える天狗《てんぐ》の政治が続くなら、日本は凋落《ちょうらく》の一途です。私たちは、宗教政党として心を磨き、偽我《ぎが》の克服を通して、日本の「政治家像」を変えていきたいと考えています。

キリスト教では、「高慢」は、神を必要としないゆえに七つの大罪の一つです。アメリカ建国の父の一人、ベンジャミン・フランクリンは「13の徳目」に「謙虚さ」を挙げ、「イエスとソクラテスを見習うこと」と書きました。

丸太小屋に生まれたリンカンが聖書を肌身離さず、「憎しみを捨て、愛をとれ」「何人にも悪意を抱かず」と繰り返し述べたことはアメリカ国民の共通認識です。

こうした宗教的文化基盤を持つ国の政治と、日本の政治は精神性においてずいぶん遅れているように感じます。もっとも現在では、バイデン大統領がよきアメリカを破壊中ですが……。

日本で最も精神性の高い政治を行ったのは聖徳太子です。仏教を日本にもたらし、篤く三宝を敬いつつ国を治めたお姿は、日本の理想政治の原点です。

神仏の前に謙虚さを取り戻さなければ、日本政治の信頼が回復することもないでしょう。日本再生のためには、唯物論を打ち破ると同時に、嘘やゴマカシ、高慢さの根源である妖怪《ようかい》性の克服が必要です。

個人としては、まず、「偽物の自我」を、「偽我」を取り去って、まっすぐな心を持つように努力してください。そうした、「自分を大きく見せて、強く見せようとする心」が、国のレベルになると、外国を占領したり支配したりする傾向にもなることもあります。

だから、外国のそういう専制国家に関しては、そこの統治している人の心をやはりよく見つめることが大事だと思います。

『真実を貫く』

政治家の「偽我」は、その影響力ゆえに地獄の悪魔へと転落する危険をはらみます。現在、著名な政治家の多くも地獄に堕ち、舌を抜かれ、腰斬《ようざん》の刑に処せられ、無限地獄で呻吟《しんぎん》しているのが実態です。

これは、政治家を選ぶ側の「国民の心」の反映でもあります。

地上ユートピア建設の出発点は、一人ひとりが心を見つめ、「自己変革」の意志を持ち、自らの心のなかに神の国をつくることです。

未来社会は、ビルを建て、宇宙船を飛ばせばつくれるものではありません。私利私欲や低次な欲望の果ての世界など神がお許しになるはずはないのです。一人一人の心が、自らの人生を変え、社会を変え、国家を変え、未来を変える――これがユートピア建設の真実です。「みなさまのなかにある、偽我の部分の発見というのは、やはりやめないでいただきたい」（『真実を貫く』）と総裁が願われる通り、棺桶の蓋が閉まるまで心の修行を続けてまいります。

宗教政党の政治活動は心に寄り添う「菩薩行《ぼさつぎょう》」

幸福実現党の地方議員たちも「偽我」と戦い、自己変革に次ぐ自己変革を重ねながら、地域に寄り添う菩薩行《ぼさつぎょう》をしています。「偽物の自分」と決別し、神から愛されていた自分を発見すれば、じっとしてはいられません。利他の思いで立ち上がった菩薩たちが「社会変革」に人生を投じていくことで、地上が仏国土になっていくわけです。「欲望の民主主義」を変えるには、宗教的信念に基づいて魂の救済をする覚悟が問われます。

岩手県金ケ崎町の平志乃《たいらしの》議員は「給食費の無料化について、議会で『払える人は払うべき』と主張しました。町の財政を考えたとき、無駄遣いの余裕はありません。

またインフレの影響で給食食材費が増加しており、本当につけるべき予算措置がなされない可能性があります」と語ります。

茨城県古河市の古川一美《かずみ》議員は「いったん生活保護を受けてしまうと、再び自立するのが難しくなるケースを多く見てきました。市の職員のなかにも『これだけ多額の扶助費を支給して、日本は大丈夫だろうか』と疑問を感じている人はいます。セーフティネットは必要ですが、政治の〝優しさ〟が自立を妨げているケースも多いです」とのこと。

埼玉県三芳町の細田三恵《みつえ》議員も「政府による給付金に加え、自治体独自の給付金の予算も増えています。町の財政が今後も安泰とは限らないですし、『勤勉』や『積小為大』といった二宮尊徳精神が今こそ必要です」と語ります。

三重県津市の長谷川植《うえる》議員は「近所の女湯に自称女性の男性が入り込み、逮捕されるという事件が起きました。議会で警鐘を鳴らしましたが、リベラルの行き着く先は『血の池地獄と畜生道』です。こんなことを助長する国の政治は異常です」と危機感をにじませます。

国民を守り、「悪を押しとどめ、善を推し進める」ために国防の意識を喚起することも、宗教政党の使命でしょう。

世界数十カ国の大学・研究機関の研究グループが参加する「世界価値観調査」によると、「国を守るために戦うか」との質問に「戦う」と回答した率が日本は13％で、79カ国中最低でした。なお、台湾は「戦う」と答えた率が約77％です。

第4章でも述べましたが、幸福実現党の政策は霊的世界と神仏の存在を前提としています。日本に正しい信仰を取り戻す「霊性革命」が終わっていない段階で、「政治革命」に乗り出しているため、困難は多いのは確かですが、私たちは「宗教と政治」の両輪こそ人々を本当に幸福にする道だと確信しているから、宗教政党であることの誇りを捨てることはできないのです。

3. 夢の未来へ――「恒久平和」と「繁栄」の実現

恒久平和の実現 ― 民族、宗教、人種、国境を越えて一つに

大川総裁は二〇二三年一月に行われた「『地獄の法』講義」で、以下のように語られました。

そろそろ、幸福実現党の言っているような、「自由・民主・信仰の価値観」が、中国のほうでも奔流《ほんりゅう》のように出てきて、なかが割れてくると思います。南部と北部、それからウイグル自治区、チベット自治区、内モンゴル自治区等に割れてくると思います。(中略)

世界人口は八十億人を超えたところですけれども、「西暦二〇五〇年までに――今は二〇二三年ですから、あと二十七年ぐらいです――もしかしたら四十億人ぐら

いまで減る可能性もあり」ということまでいちおう考えた上で、今、世界の方向性を変えようとしております。（中略）「二〇五〇年ぐらいまでには、決着はつく」と思っております。

『真実を貫く』

中華人民共和国が百周年を迎えるのが二〇四九年です。まず、中国や北朝鮮のなかで弾圧されている人々を解放し、唯物論国家の悲劇を真っ向から打ち砕くことが、幸福実現党の悲願です。

さらに、中東で勃発《ぼっぱつ》した戦争を終わらせ、人類が恐れてきたハルマゲドン（世界の終末的危機）を回避することも世界人類の希望です。

元駐日イスラエル大使のエリ・エリヤフ・コーヘン氏は、一神教同士の対立は解消できるかという「ザ・リバティ」の取材に対して、「最終的な平和は、救世主の登場を待つしかないと考えています。しかし必要なのは、人々がお互いに尊重し合い、平和を築く努力をすることです。そのとき、救世主を迎える用意ができたと言えるのではないでしょうか」と答えています（※）。終わりなき宗教対立は、政治家の外交交渉のみでは解決が困難だというのが中東世界の本音なのでしょう。
宗教政党として、日本が架け橋となる時代を拓きたいと切に願っています。

「神の願われる繁栄」の姿とは

そして「平和」と共に実現したいのが「神の願われる繁栄」の実現です。

今後の経済原理のあり方は、仏法真理の価値、「神の心にどれだけ近づいているか」という、その仏法真理の価値が、この世的なる価値と一致していく方向で動いていかざるをえないのです。そうすることが、あの世の経済原理を、この世に持ち来たらすことになっていくのです。（中略）

今回、私たちがつくり上げようとする〝The Kingdom of God〟（神の王国）は、

※「ザ・リバティ」2014年12月号

心のなかと心の外、両方であります。この地上世界を天国の世界へと変えていかずして、今世の私たちの使命は果たせないのであります。

『幸福の科学の十大原理（下巻）』

『幸福の科学の十大原理（下巻）』（幸福の科学出版刊）

また、未来社会が現在よりも素晴らしいものになるか否かは、未来産業創出への取り組みにもかかっています。それを支える政治経済の仕組みと、宗教的倫理の成長も前提となります。大川総裁は「**信仰と経営の融合こそ、真の発展・繁栄の時代の王道なのだ**」（『コロナ時代の経営心得』あとがき）と述べておられます。

日本から豊田佐吉氏や松下幸之助氏のような世界的企業家を輩出したいものです。「信仰」と「経済」を融合させた徳ある経済人が新しい繁栄をこの地上に創出していくことで、空前絶後、百花繚乱《ひゃっかりょうらん》の繁栄が実現されるでしょう。

「幸福実現党よ、どうか強くあってほしい」と思いますし、また、「幸福の科学に集う人々、賛同する人々、縁のある人々に愛され、育てられるような、そういう政党にしていきたい」と思います。（中略）

この政治運動に宗教的真理が含まれているとするならば、幸福実現党の戦いは、まだ緒《ちょ》に就いたばかり、始まったばかりです。

単なる世論調査や世間の批評に負けてはなりません。真理のために、断固として戦い続けることが肝要です。この世の「常識」を打ち破ることを強く願います。

『宗教立国の精神』

すべては心から始まります。いつの時代も、古い時代のしがらみや不条理に満ちた世の中を変えるのは、執着を離れた人々の群れです。神仏を信じ、嘘偽《うそいつわ》りなく「真実」を貫き、愛の精神を徹底することで未来が拓かれることを固く信じて、突き進もうではありませんか。

幸福実現党はたとえ何があろうとも、希望の復活を祈り、真理のための戦いを続けてまいります。

どうか、人類八十億人すべてを救うため、幸福実現党の仲間になってください。一人でも多くの皆様のお力をお寄せいただければ幸いです。

幸福実現党の父・大川隆法党総裁へ、心の底より、限りない感謝を捧《ささ》げます。そしてご支援くださったすべての皆様に、篤く御礼を申し上げます。

幸福実現党 立党の原点

──仏国土・地上ユートピアを目指して──

2024年４月27日　初版第１刷
2024年８月９日　　　第２刷

編者　幸福実現党

発行　幸福実現党
〒107-0052　東京都港区赤坂２丁目10番８号
TEL(03) 6441-0754　https://hr-party.jp/

発売　幸福の科学出版株式会社
〒107-0052　東京都港区赤坂２丁目10番８号
TEL(03) 5573-7700　https://www.irhpress.co.jp/

印刷・製本　株式会社 研文社

落丁・乱丁本はおとりかえいたします

ISBN978-4-8233-0428-6 C0030

大川隆法 ベストセラーズ・幸福実現党宣言シリーズ

幸福実現党宣言

この国の未来をデザインする

政治と宗教の真なる関係、「日本国憲法」を改正すべき理由など、日本が世界を牽引するために必要な、国家運営のあるべき姿を指し示す。

1,760 円

政治の理想について

幸福実現党宣言②

1,980 円

自由か平等かと問われたら、迷わず自由を選べ。幸福実現党が描く自由と繁栄の未来ビジョンが、この一冊に。

政治に勇気を

幸福実現党宣言③

1,760 円

第一権力となった「マスコミ権力」の問題とは。正しさのために命を懸ける宗教家こそ、正論を貫くことができる。

新・日本国憲法 試案

幸福実現党宣言④

1,320 円

大統領制の導入、防衛軍の創設、公務員への能力制導入など、戦後憲法を捨て去り、日本の未来を切り拓く「新しい憲法」を提示する。

夢のある国へ——幸福維新

幸福実現党宣言⑤

1,760 円

日本をもう一度、高度成長に導く政策、アジアに平和と繁栄をもたらす指針など、希望の未来への道筋を示す。

※表示価格は税込10%です。

大川隆法ベストセラーズ・主エル・カンターレの教えを知る

太陽の法

エル・カンターレへの道

創世記や愛の段階、悟りの構造、文明の流転を明快に説き、主エル・カンターレの真実の使命を示した、仏法真理の基本書。25言語で発刊され、世界中で愛読されている大ベストセラー。

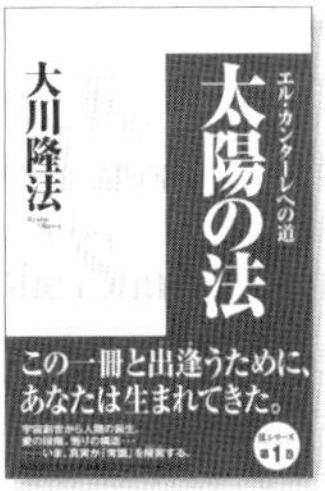

2,200円

永遠の法

エル・カンターレの世界観

すべての人が死後に旅立つ、あの世の世界。天国と地獄をはじめ、その様子を明確に解き明かした、霊界ガイドブックの決定版。

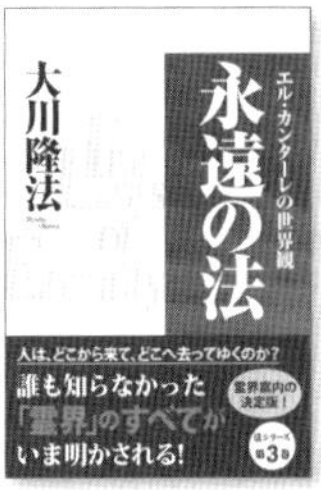

2,200円

永遠の仏陀

不滅の光、いまここに

すべての者よ、無限の向上を目指せ──。大宇宙を創造した久遠の仏が、生きとし生けるものへ託した願いとは。

1,980円

〔携帯版〕

1,320円

〔携帯版〕

幸福の科学の十大原理（上巻・下巻）

世界171カ国以上に信者を有する「世界教師」の初期講演集。幸福の科学の原点であり、いまだその生命を失わない熱き真実のメッセージ。

各1,980円

大川隆法ベストセラーズ・日本と世界の未来への指針

真実を貫く

人類の進むべき未来

混迷する世界情勢、迫りくる核戦争の危機、そして誤った科学主義による唯物論の台頭……。地球レベルの危機を乗り越えるための「未来への指針」が示される。

1,760円

地獄の法

あなたの死後を決める「心の善悪」

どんな生き方が、死後、天国・地獄を分けるのかを明確に示した、姿を変えた『救世の法』。現代に降ろされた「救いの糸」を、あなたはつかみ取れるか。

2,200円

メシアの法

「愛」に始まり「愛」に終わる

「この世界の始まりから終わりまで、あなた方と共にいる存在、それがエル・カンターレ」──。現代のメシアが示す、本当の「善悪の価値観」と「真実の愛」。

2,200円

減量の経済学

やらなくてよい仕事はするな

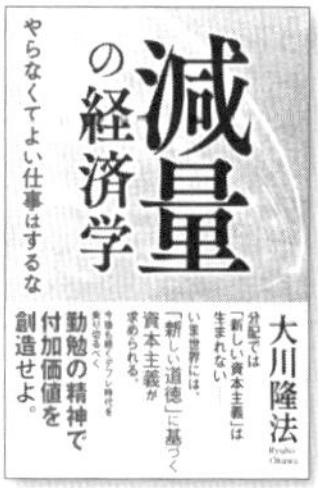

バラマキや分配では未来はない。今こそ勤勉の精神を取り戻すとき──。仕事や家計、政府の政策の"無駄"を見極める、本当の「新しい資本主義」を提言。

2,200円

※表示価格は税込10%です。